POP广告设计

（第2版）

编著　赵　璐　胡拥军

图书在版编目（CIP）数据

POP广告设计 / 赵璐，胡拥军编著 . -- 2版 . -- 上海：上海交通大学出版社，2023
ISBN 978-7-313-22287-9

Ⅰ. ①P… Ⅱ. ①赵… ②胡… Ⅲ. ①广告设计 Ⅳ. ①F713.81

中国版本图书馆CIP数据核字（2019）第254929号

总 策 划 海上图志 HAISHANG TUZHI
策划编辑 胡丽雯
责任编辑 胡思佳 李 敏 蒋 雯
设计总监 赵志勇
装帧设计 郁 悦 林 勤
美术编辑 褚志娟

POP广告设计（第2版）
POP GUANGGAO SHEJI (DI-ER BAN)

编　　著：赵 璐 胡拥军
出版发行：上海交通大学出版社
地　　址：上海市番禺路951号
邮政编码：200030
电　　话：021-52717969
印　　制：常州市大华印刷有限公司
经　　销：全国新华书店
开　　本：787mm×1092mm 1/16
印　　张：9.5
字　　数：200千字
版　　次：2012年8月第1版 2023年8月第2版
印　　次：2023年8月第4次印刷
书　　号：ISBN 978-7-313-22287-9
定　　价：52.80元

内容提要

本书立足于市场，在大量实践调研的基础上，强调POP广告的实用性及与其他学科的关联性，力求全面、系统地介绍POP广告的新理论、新思维、新观念和新方法。本书含有大量市场实例图片介绍，具有较强的实用性和参考价值。全书包括7个方面的内容：POP广告理论基础、POP广告的功能与分类、POP广告视觉构成要素、POP广告设计整合运用策略、平面POP广告设计与制作、立体POP广告设计与制作、手绘POP广告设计与制作。

本书适合视觉传达设计、广告设计、环境艺术设计、数字媒体艺术设计等专业的师生学习和参考。

作者简介

赵璐，毕业于湖南师范大学设计艺术学专业，硕士，艺术设计学副教授，国家职业资格一级广告设计师，现为高校教师，主要从事广告、平面设计相关专业课程教学、教研和管理工作；从事高等艺术教育20余年，在核心期刊及各类学术杂志、学术会议上发表论文和作品28篇，主编、参编教材6本；获国家专利授权5项；曾主持广告设计与制作、艺术设计、视觉传达设计等多个专业的筹建与管理工作；多次参与企业设计项目，提供专业技术支持和交流；指导学生获多项省级及以上比赛奖项。

胡拥军，毕业于湖北工学院工业美术系工业设计专业产品造型方向，华南师范大学美术学研修生，暨南大学古代文学硕士，工艺美术副教授，A级国际商业美术设计师，广告二级技师，高级影视动画工程师，曾在活力28集团、中国香港联新集团广州域高工业设计事务所、广东岭南职业技术学院艺术与传媒学院等单位工作，现为广东水利电力职业技术学院智能制造学院工业设计专业教师，主要从事工业设计专业课程教学、教研工作；10余年来曾主持工业设计、环境艺术、广告、动漫、影视艺术等多个专业的筹建、教学与教研工作，在核心期刊及各类学术杂志上发表论文20余篇，编著教材7本，著述上百万字。

再版前言

本书依据党的二十大精神，坚持以马克思主义中国化时代化最新成果为指导，坚定“四个自信”，以职业岗位能力培养为核心，以市场标准为导向，以项目驱动为载体，以职业教育教学方法论为指导，全面、系统地介绍POP广告的新观念、新材料、新工艺、新方法。现代POP广告设计最重要的功能就是将大众传媒广告所累积的效果浓缩在销售现场，做直接、关键、最终的展示和促销。本书的内容不仅涵盖了POP广告设计与制作的基本知识点和技能点，而且强调了设计策划与整合应用的重要性，理论知识与设计实践结合紧密。本书收录的国内外各种类型的POP广告设计图片是艺术性和商业性高度结合的优秀作品，为各门类的POP广告设计提供了丰富的范例。

本书教学目标明确，体例结构突破传统学科体系的形式，理论内容精要，实训案例丰富。此次再版，本书以现代POP广告设计的视点出发，结合POP广告设计发展的新趋势，对书中原有的专业知识结构进行了适当充实和更新；对书中原有的POP广告实例图片进行了大量的更新，以求与时俱进、图文并茂；以情境演练的方式对理论进行佐证，辅助理解，既突出专业性、实践性，同时又侧重策划创意、艺术表现及设计制作能力的训练。

POP广告设计行业的设计理念和趋势一直在发展和变化，本书的编写旨在分享个人的经验和体会。书中所能收集和整理的案例有限，且编写时间仓促，若有遗漏和不足之处，诚请各位读者不吝赐教，多提宝贵意见。

编者

前言

现代POP广告设计最重要的功能就是将大众传媒广告所累积的效果浓缩在销售现场，做直接、关键、最终的展示和促销。随着新媒体的兴起，POP广告的形式越来越丰富多样。本书的内容涵盖了POP广告设计的基本知识点和技能点，理论知识与设计实践结合紧密。本书所收录的国内外各种类型的POP广告设计图片是艺术性和商业性高度结合的优秀作品，为各门类的POP广告设计提供了丰富的范例。

本书是为满足高等教育艺术设计专业学生学习的需要而编写的教材，以职业岗位能力培养为核心，以市场标准为导向，以项目驱动为载体，全面、系统地介绍POP广告的新理论、新思维、新观念、新方法。本书教学目标明确，体例结构突破传统学科体系的形式，理论内容精要，实训案例丰富。本书立足于市场，紧跟POP广告行业的发展和变化，在大量行业实践调研的基础上，强调POP广告的实用性及与其他学科的关联性。

本书编写了详细的实训项目，将知识重点与实操训练有效链接，起到很好的指导作用，并且侧重策划创意、艺术表现及设计制作能力的训练，讲解观点、技法和技巧，借鉴了前人优秀的经验和成果，重启发，避说教，通过大量练习引导学生学习审美、创新，从而使其具备匠心和匠艺。

本书由赵璐、胡拥军合作编著，感谢在编写过程中提供作品的同学们，同时非常感谢为本书的编写提供关心和帮助的领导和老师。

由于编者水平有限，书中所能收集和整理的案例有限，且编写时间仓促，若有遗漏和不足之处，诚请各位读者不吝赐教，多提宝贵意见。

编者

目录

模块一　理论认知篇

项目一

POP 广告理论基础

【学习目标】

了解POP广告，包括其定义、定位、起源、发展趋向等方面的基本概念和知识，懂得POP广告多样化、受欢迎、似“无声的销售员”的特点，掌握情报搜集、资料分析等广告市场调查的核心理论与基本方法。

任务一　POP 广告概述

一、POP广告的定义

POP广告是许多广告形式中的一种。在众多的广告形式中，POP广告是比较独特的。这一名词由英文point of purchase advertising缩写而来，意思是“销售点（或导买点）的广告”。point of purchase advertising中，point的意思是“点”，purchase的意思是“购买”，point of purchase即“购买点”。这里的“点”具有双重含义，既是时间概念上的，也是空间概念上的——时间点和空间点。因此，POP广告的具体含义就是在购买时和购买地点出现的广告，一般称为“购买点广告”“售卖场所广告”或“售点广告”，简称“POP广告”。

POP广告的概念有广义和狭义两种。

广义的POP广告概念：凡是在商业空间、购买场所、零售商店的周围或内部以及在商品陈设的地方所设置的广告物，都属于POP广告，如商店的牌匾，店面的装潢和橱窗，店外悬挂的充气广告、条幅，商店内部的装饰、陈设、招贴广告、服务指示，店内发放的广告刊物、进行的广告表演，以及广播、录像电子广告牌广告等（见图1-1至图1-15）。

图1-1 门面、招牌POP广告

图1-2 橱窗式POP广告

图1-3 店铺招牌、装置型POP广告

图1-4 霓虹灯POP广告

图1-5 LED屏POP广告

图1-6 店头立牌式POP广告

图1-7 简介、目录式POP广告

图1-8 声像（视频、录像）式POP广告

图1-9 光电POP广告

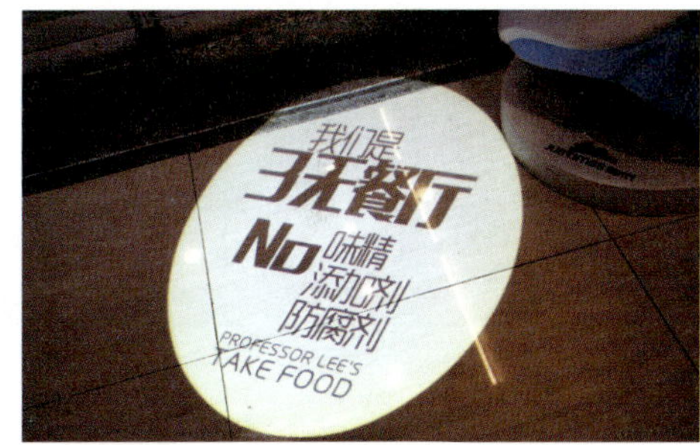

图1-10 电子、光电POP广告

图1-11 店外广场上展示的实物模型式POP广告

图1-12 设置于店外或公司门口用来招揽生意的商业角色模型POP广告

图1-13 店内移动展示装置型POP广告

图1-14 特殊的交通附载兼表演行为艺术式POP广告

图1-15 室外交通工具车身POP广告

狭义的POP广告概念：仅指在购买场所和零售店内部设置的展销专柜以及在商品周围悬挂、摆放与陈设的可以促进商品销售的广告媒体，如POP广告设计主要包括的产品标签POP设计（产品外盒促销POP设计、指示性产品POP设计等）、促销POP设计（吊旗POP设计、立牌POP设计、台牌POP设计等）、卖场POP设计（促销打折牌POP设计、展架设计等）（见图1-16至图1-27）。

图1-16 商场内部的各种灯箱、招牌式POP广告

图1-17 店内的展销柜台式POP广告

图1-18 购物中心的大型悬挂物式POP广告

图1-19 标签、标牌POP广告

图1-20 食肆店面门口的吊旗式POP促销广告

图1-21 大型超市的展示货堆型POP广告

图1-22 柜台展示型POP广告

图1-23 专属品牌货架式POP广告

图1-24 店内棚架展示型POP广告

图1-25 模型牌落地式POP广告

图1-26 落地货架式POP广告

图1-27 主题店面货物陈列架式POP广告

POP广告是在一般广告形式的基础上发展起来的一种新型的商业广告形式，其特点主要体现在广告展示和陈列的方式、地点和时间3个方面。有效的POP广告既能激发顾客的随机购买行为（或称冲动购买行为），也能有效地促使计划性购买的顾客果断做出决策，实现即时即地的购买。与一般广告相比，它是用于提供商品信息、促使商品成功销售的所有广告和宣传品。其具有传达速度快、形式变化多样、易制作等优点，所以成为商业竞争中最有效的手段之一。

二、POP广告的定位

POP广告作为“广告”的一个分支，其基本特征与广告的特征一脉相通，即广泛性、告知性。在信息化时代，POP广告正作为其他主流媒介的一种辅助形式进入各商品的销售场所，并且有着其他任何媒体无法比拟的广告作用。它是消费者临近购买的“零距离”信息传递的主要媒介，能形成“人+产品+环境”的总体购买（消费）情景，是推动购买决策的要素之一。

从促销的主要形式来看，POP广告促销一般分为店内促销和店外促销两大类（见图1-28）。

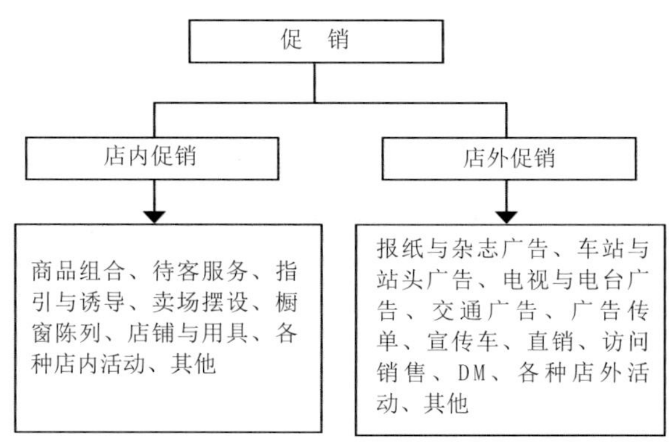

图1-28 POP广告促销手段

由此可见，凡是在商业空间、购买场所及零售商店的周围、内部，或在商品陈设的地方所呈现的广告物，都属于POP广告的范畴。其具体表现形式包括购买场所内的橱窗、吊旗、宣传物料、广播媒介、影像媒介等，陈设区的展台、展架、海报，商品上的贴纸、吊牌等，范围极广。

与其他大众媒体广告（如影视广告、报纸广告、户外广告等）相比，它是离消费者在商场中产生购买行为最近的一种广告形式。企业的营销活动通过市场分析、产品开发、传媒广告等一系列环节，最终进入零售店的销售现场。POP广告以前面环节为支撑，以消费群体分析为基础，以视觉表现为终端，对商品进行最终的、最直接的展示，以刺激消费者潜在的购买欲望。

三、POP广告的起源

POP广告产生的原因是超级（自选）市场的出现。“POP广告”是美国广告用语中的名词，是指在20世纪30—40年代兴起于美国超级市场和自助商店里的店头广告。1930年前后，世界经济大萧条时期，美国流通机构发生了很大的变化，出现了一种新的服务方式，那就是超级市场。商品直接和顾客“零距离”见面，大大减少了售货员的数量，节约了商场空间，不仅加快了商品流通的速度，而且缩减了商业成本，促进了商品经济的繁荣。但碰到的最尖锐的问题是，如何利用广告宣传，在狭窄的货架、柜台空间中，在顾客浏览商品或犹豫不决时，恰当地说明商品的内容、特征、优点、实惠性，甚至价格、产地、等级等，吸引顾客的视线，激发顾客的兴趣，并担当起售货员的角色，使顾客很快地经历“注目—明白—心动—决定购买”的购物心理过程。在这种形势下，POP广告这种新的广告形式就应运而生，在整个商品销售过程中成了一个“无声的销售员”。

20世纪30年代，POP广告在超级市场、连锁店等自助式商店频繁出现，逐渐为商界所重视。1939年，美国POP广告协会正式成立。20世纪60年代，超级市场的自助式销售方式逐渐扩展到世界各地，POP广告也随之走向世界各地。

在我国，POP广告从20世纪80年代开始引入，以北京华堂商场大面积使用POP广告为起点，虽然起步较晚，但是发展很快，一些零售企业开始使用马克笔书写POP广告，陆续设置POP广告美工职位，虽然设计与制作的质量一般，但不论是企业还是商场，都强烈意识到POP广告在充满无数变数的终端销售中的强大作用。当然，也仍然有一些企业对POP广告应用的认识处于初级阶段，对其在营销中的作用没有清晰的认识，从而被动地应用POP广告，甚至有些企业还认为POP广告是负担。随着近几十年经济市场的发展，这种情况有了明显的转变，POP广告被逐步提上了商品营销的议程。

虽然“POP广告”这个称谓在我国流通的时间较晚，但是就其形式来看，我国自古就有类似POP广告的事物：过年时的剪纸，节庆时的张灯结彩，客栈、饭店外面悬挂的酒葫芦、酒旗、幌子、幡帜，或者药房门口挂的药葫芦、膏药，武馆门前的大刀，配锁铺前悬挂的大钥匙等（见图1-29、图1-30），都是非常具有个性的POP广告。在当今社会，仍有许多传统而富有行业特色、地方特色、中国精神的POP广告存在。鲁迅先生说过：“只有民族的，才是世界的。”中华文明源远流长、博大精深，是中华民族独特的精神标志，是当代中国文化的根基，是中国文化创新的宝藏。我们要敬仰中华优秀传统文化，坚定文化自信，广泛借鉴世界一切优秀文明成果，坚定不移地走中国特色社会主义道路。

图1-29 中国传统店面实物POP广告照片

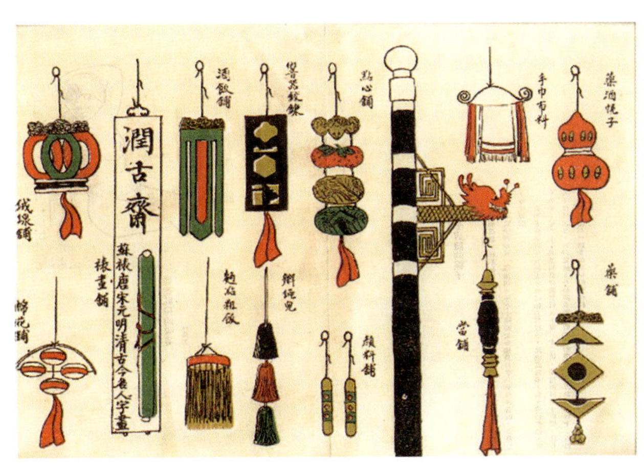

图1-30 中国古代各种店面幌子/林宝清绘

四、POP广告的表现形式

传统的POP广告一般采用手工绘制，以现代视觉符号、图形、广告绘画与波普艺术相结合的方式体现。在传播到世界各地的过程中，POP广告演变为一种以采用马克笔手工绘制来标示和推销商品的方式，应用于20世纪60年代的日本超级市场，随后再迅速传向东西方其他国家。用马克笔手工绘制成为20世纪60—70年代最基本的POP广告制作方式。一直到今天，许多大、中、小型超市和店铺仍在大量应用这种制作方式。

在20世纪80年代、90年代初我国的零售卖场中，POP广告大多由美术人员手绘完成。在当时条件下，美术人员对POP广告应用的认识还处于初级阶段，对其在营销中发挥的作用没有深切的体会，设计和制作与消费者行为的调查研究相脱节，对消费者的心理需求等方面的把握明显不够，所设计的大多数POP广告以价格为卖点来吸引消费者，而没有从商品本身的特性与定位的消费者的角度出发，出现形式单调、批量制作效率低、成本居高不下的状况，对顾客缺乏吸引力，且与商品陈列、店面环境不协调，对商品销售带来的促进作用不够明显。有资料显示，当时国内零售门店POP广告平均使用量为每100平方米15张，每张POP广告的平均悬挂时间为15天。此时的POP广告使用中最主要的问题有如下几个：①过度追求唯美性；②制作与展示水平偏低；③过度使用色彩；④装饰性太强；⑤文字过多。

20世纪90年代末，随着零售业的快速发展，POP广告开始由专业软件设计完成，并通过专业打印设备进行批量输出。由这种方式制作的POP广告称为“机制POP广告”。机制POP广告清晰、美观、格式统一，充分发挥了“最佳销售员”的效用，成为超市等零售企业POP广告的主要制作方式。国内POP广告制作系统的应用软件主要有POP海报设计软件、POP批量打印软件、POP促销商品数据库管理系统以及Photoshop、Illustrator或者CorelDRAW等平面设计软件。POP广告制作系统的硬件包括普通PC机与A1、A2大幅面彩色打印机（或A3、A4幅面彩色激光打印机）。POP广告制作系统的运作方式既可以是单机形式，也可以是网络形式。

电脑软件技术不断发展，在美工设计应用上更尽显美观、高效的优势，甚至可将手绘艺术字形的涂鸦效果模仿得淋漓尽致，还可以导入来自数码相机、扫描仪的图片素材，特别适合对需求量较大的POP广告进行快速、高效、低成本的制作。

POP广告已成为既定的促销媒体，许多零售店已不再忽视它的存在与价值，同时随着价格决定权逐渐由厂商转移到零售店，零售店逐渐重视POP广告。我国经济的飞速发展和人民生活水平的不断提高，推动着我国POP广告快速向高质量发展。

五、POP广告的发展趋向

（一）业已来临的“卖方”时代

随着物质不足的时代的过去，大型百货公司纷纷成立，商业进入了“量”的时代，也同时进入了折扣商店的全盛期。当然，生活的富裕也会引起购买方式的不断变化。一般消费者的需求已逐渐从“量”变为“质”，因此，今后的情形将是卖方竞争的“战国时代”。POP广告必须洞察时代发展的先机，并且随时随地接受各种变化的挑战。

（二）商场对POP广告需求扩大的时代

在大众传播广告的时代，促销的重点是尽可能地让广大的消费者知道商品，因此，电视与电台的广告威力是其他促销媒体所不能比拟的，此时，POP广告的魅力被一般广告业主忽略是正常的。直到20世纪80年代，在促销成功实例不断地在广告业主间传播时，POP广告悄然占据了各个零售店、超市（量贩店）的角落，其重要地位得到凸显。

此时，零售店的交易情形出现了重大的变化：①凌乱不堪的零售店不再吸引消费者光顾；②商品需经过包装与精心的陈列，否则难以销售；③零售店负责人需要对每件商品附加说明；④消费者无须询问每件商品的价格；⑤品牌与信用已成为顾客购买时的首要考虑因素。

以上5点变化对于POP广告来说，都是易于解决的问题。因此，零售店对POP广告的接受度日渐提高，不再忽视POP广告的影响力，卖场的空间早已被POP广告盘踞。

（三）流通改革所带来的零售店POP广告新时代

流通改革是指商品的流通路径出现了革命性的变化。过去，商品的流通呈现“制造商→批发商→零售店”的单向式流通方式。但是在流通改革下，零售店可以直接向制造商订货，甚至拥有自己的生产工厂。由于零售店能控制进货量和销售方式，此时，制造商的POP广告已无法再满足零售店的要求，所以自制的POP广告就显得更有特色。

（四）POP广告的内容、特征、策略等方面的发展趋势

POP广告在我国经过几十年的发展，已经由广告业的一个小分支扩展成一个相对庞大的广告独立体系、一种与促销相整合的综合性广告活动，越来越受广告主的青睐，并逐步为消费者所接受。

1. 由二元性广告向三元性广告发展

目前，POP广告正由“图文传递+商品展示”二元性向“图文传递+商品展示+人员演示”的三元性发展。二元性POP广告的形式是固定的，即使有灯光的闪烁或音乐的渲染，还是缺少了人的热情。随着人员的投入，POP广告显得更加生动，更能吸引消费者的注意力，提供视觉、听觉、味觉、触觉等的知觉接触，使消费者亲身体验产品，让消费者的知觉发挥作用，从而将销售信息在不知不觉中传达给消费者。

2. 内容诉求从产品功能转变为品牌形象

进入21世纪，企业的价值和竞争已不再单纯由技术、资金、产品等有形的物质因素决定，无形的精神因素也起着至关重要的作用。企业将经营观念和精神文化传递给与企业有关系的个人或团体，包括企业内部人员和社会公众，使其对企业产生一致的认同感和价值观，从而达到促销的目的。

因此，在POP广告的内容表现上，企业将不再主要强调产品特性，转而传递一种品牌观念，塑造一种与众不同的品牌形象。如奥康皮鞋的广告语：“梦想是走出来的。”奥康公司并没有宣扬其产品的优势，而是提出了对梦想的追求。这既体现了奥康公司对梦想的追求，也表明了奥康公司希望消费者能坚持对梦想的追求。

3. 发布策略往整体化和系列化方向发展

POP广告不再为临时发布促销信息而存在，而是成为塑造品牌形象的一个不可或缺的工具。因此，在POP广告的信息传达上，临时性的“广而告之”式的内容明显减少，长期性的“自我展示”的内容明显增多。

另外，单一的POP广告已经不能胜任在短期内制造强劲的销售气氛的角色，但多种类型的系列POP广告媒介同时使用，可制造良好的销售环境，促进销售。

（五）POP广告的发展趋势

1.系列POP广告

为了有效地配合促销活动、在短期内形成强劲的销售气氛并提高营业额，必须同时使用多

种类型的系列POP广告媒介。所以，现在POP广告已从单一向系列发展。

2.新技术的吸收与综合

随着科学技术的发展，新技术、新工艺、新材料不断涌现，声、光、电、激光、计算机、自动控制等技术与POP广告相结合，产生了一批全新的POP广告形式。运用高科技制作POP广告虽然成本较高，但是其效果是普通POP广告所无法比拟的，当今注重品牌营销及企业形象的企业仍然会在此方面投入。

3.手绘式POP广告

手绘式POP广告，顾名思义，是以手绘的方式制作的POP广告。手绘式POP广告是商场内POP广告的一种，不需要花费太多制作经费，不需要精美的印刷加工，只需少许创意和一些简单的工具即可完成。它的特点是可以迅速提供商品情报，与顾客沟通情感，其效果有时会超过机制POP广告。

任务二　掌握 POP 广告的特点

一、“第二销售员”或“无声的销售员”

POP广告是位于购买场所的一种宣传工具。通过传播媒体进行的说服工作一般由制造商进行；相对的，通过店堂媒体进行的说服工作，则由零售店进行。POP广告有一个原则，即围绕产品。其作用之一是在导购人员不在场的情况下，告知消费者产品的卖点是什么、具体功能是什么。因此，POP广告被称为“第二销售员”或“无声的销售员”。

二、面貌多样化的艺术促销氛围营造者

与一般的广告相比，POP广告的特点主要体现在广告展示陈列的方式、地点和时间及形式、面貌的多样化方面。在这一点上，POP广告是其他任何广告形式都无法比拟的。它基本可分成两种：一种是指制造商在销售自己产品的商店或其他场所布置一些以宣传自己产品为目的的广告，如悬挂小旗、张贴宣传画等；另一种含义比较宽泛，包括购物场所内外一切有助于刺激消费者的购买欲望、促进产品销售的广告形式，还可分为室内、室外POP广告。室内POP广告有柜台及货架陈列、室内灯箱、柱形广告、模特儿，以及各种悬挂、张贴的广告等，其基本功能在于改善商店的购物环境，突出商品和服务的质量，刺激消费者的购买欲望；室外POP广告指购物场所（如商店）外面的一切广告形式，如门面装潢、橱窗、霓虹灯、灯箱、电子显示屏、旗帜、横幅等，其基本功能在于吸引消费者的注意，并促使他们尽快做出走进商店的选择。此外，随着各商业企业对信誉和形象的日益重视，室外POP广告还能起到作为商店的识别标志和强化商店个性特征的作用。

三、易被顾客接受、受欢迎的广告形式

POP广告在现代商业活动中的作用越来越重要，不少国家已将其列为除电视、报纸、广播、杂志四大媒体之外的第五大广告媒体。美国POP广告协会主席卡瓦勒（Kawala）指出：20世纪

70年代是广告的时代，20世纪80年代是市场营销的时代，20世纪90年代是零售和促销的时代，其中POP广告是关键部分。

POP广告受到顾客喜爱的原因有以下几点：

第一，随着人们消费水平的不断提高，消费者可任意支配的收入大幅度增加，导致购买行为的随意性增强。据美国POP广告协会统计：消费者中的19%是事前决定要什么而走进商店的，其余81%则是受POP广告的影响而购买的。所以，POP广告对随机性购买行为可发挥很大的作用。

第二，随着商品交换行为的发展和消费者需求层次的提高，在商品交换活动中，消费者不仅要求物质需求的满足，而且要求精神需求的满足。例如，王老吉作为一个凉茶品牌，诞生于道光年间。红罐王老吉凉茶（后更名为“加多宝凉茶”）从一个区域性品牌迅速发展为一个全国性的品牌，一是因为改变了观念，将“凉茶”当作“饮料”卖，提炼了核心的卖点——不上火，“怕上火，喝王老吉”成了时尚与流行；二是因为借助于影响力大的媒体——央视进行了传播，提升了影响力和形象，当然，其红色的包装也获得了足够的视觉冲击力和吸引力，加上终端和渠道设计，王老吉获得了快速的发展。这说明在商业竞争十分激烈的情况下，现代POP广告的综合运用不失为一种有效的竞争手段。

第三，随着超市以及无人售货店等现代零售形式的产生与推广，POP广告将会以其独特的优势显示出重要性。POP广告在购买现场的出现，可以为消费者提供专门的介绍，加深其对商品的了解，并引导其购买。

任务三 熟悉POP广告市场调查

一、POP广告市场调查的作用和目的

市场调查是为解决产品营销的决策服务的。它为市场预测提供了客观而具体的资料，并对这些资料进行系统的收集、整理和分析。在做任何一个广告计划和设计前，如果没有对市场进行调查分析与预测，那么该广告的计划和设计就是无根据的、盲目的，自然也不会收到预想的广告效益。

POP广告市场调查的目的如下：①设计出更符合市场需求和消费者心理需求、营造销售氛围、促进商品销售的优秀POP广告；②为商场商品的销售提供市场信息服务；③为提供商品的生产企业和作为主要销售渠道的商场不断改进生产技术或提高业务水平和经营管理水平提供咨询服务；④为商品生产企业和商场的发展与获得产品营销活动的更高经济效益提供市场依据。

二、POP广告市场调查的工作内容

通常广告学中的市场调查内容繁多、问题复杂，这里不做展开。以下针对POP广告，把与POP广告有关市场调查的问题归结为两个方面：一是市场潜力调查，二是适销产品的市场调查。

（一）市场潜力调查

所谓市场潜力调查，是指产品在目标市场上的销售前景调查，目的是查明直接影响产品在目标市场上销售的各种因素，明确地分析在目标市场上组织销售的可行性及其发展前景，以便

更好地选择产品的目标市场。一般而言，影响产品市场潜力的因素主要有如下几点：市场所在地的政策、法规，市场容量、消费方式和消费需求增长情况，影响市场需求的各种因素以及市场竞争等。在对某一市场的潜力进行调查时，需要结合具体的产品，围绕上述要点搜集有关资料，进行深入分析。

1.市场所在地的政策、法规

这是进行新产品开发，尤其是为产品开拓新的市场时必须调查的内容。事实上，不仅国与国之间的有关经济政策和法规不相同，即使在同一个国家，不同行政区域的经济政策和法规都可能有差别。这些政策和法规主要包括地方工业政策、商业政策、税务政策以及一些管理性法规。其中，税务政策和价格管理政策尤为重要，直接关系到产品的利润水平。因此，对目标市场所在地的政策和法规进行调查研究和分析，全面掌握当地政策和法规情况，并找出有关政策和法规中对产品的市场开发和市场销售有利的、不利的方面和内容，可以为企业的市场决策提供政策上的依据。

同时，还必须对市场所在地目前所处的政治经济形势进行调查和分析，进而预测其未来发展趋势。这样，就必须去了解和分析对当地政治、经济发展变化构成直接影响的各种政治势力的发展动向、宗教信仰和意识形态领域的压力变化、经济政策的调整等，这些都会对产品的销售潜力产生巨大影响。

2.市场容量调查

进行政策、法规调查，完全是为了推测产品在新市场或潜在市场的销售可能性及在政策上应该采取的对策。为了了解市场潜力，还必须深入调查目前市场的容量和产品在当地的消费方式、消费增长情况。

第一，在市场容量调查中，要了解同类产品在目标市场中销售的具体数量和品牌、规格、来源、生产厂家、价格，并根据当地的有关人口、社会经济的统计数据，寻找出过去和现在发生的变化情况，预测将来可能发生的变化。

第二，要了解当地市场有关产品的消费变化，主要查清当地同类产品的生产数量和可能发生的变化、当地产品的销售数量、当地的工资收入水平与消费习惯等，运用定性和定量分析的方法综合地分析产品今后的消费变化趋势。

第三，查明同类产品在当地的年消费量、消费者数量、消费方式、消费范围、消费频率、用途，以及具有什么竞争性代用品等。

第四，为了对产品今后消费情况的变化趋势进行预测，还应查明产品在当地市场上的生命周期状况，并结合其他因素同时进行综合分析和推断。几乎所有的产品都会以某种形式经历生命周期的5个阶段（导入期、增长期、成熟期、停滞期、衰退期），但不同类型的产品或同类产品中不同品牌产品的变化速度各不相同。同时，还必须注意的是，产品销售利润的下降通常要比销售量下降得早且快。

另外，在进行产品调查工作时，必须对产品市场进行细分，从而了解在当地市场上什么类型的消费者可能会购买本企业产品，并应该具体了解当地市场的人口构成和消费习惯，包括年龄、性别、职业、工资收入、文化程度、居住地点、价格标准、购买习惯、生活方式、购买动机和使用方法等内容。对于工业企业、中间批发企业和零售企业，则应了解清楚有关行业、代表性企业规模、货源供应、存在问题、采购方法和企业负责人等。

3.影响市场需求的因素

除了市场因素外，市场环境因素对产品的销售也具有直接的影响。这些因素主要包括经济、气候、地理和社会文化等方面。

经济因素会直接影响当地居民的购买力，因而也会影响产品在当地市场上的销路。所以，必须从总体上去了解目标市场的有关经济发展状况，包括就业水平、当地居民收入水平、工农业发展水平等。然而，同样的经济情况对不同产品的影响是不尽相同的。一般而言，低收入地区的生活日用品销售尚可，但奢侈品的销路肯定不佳；在经济发展水平高的地区，低档生活日用品的消费可能很少，高档奢侈品的消费需求则可能旺盛。因此，在了解经济因素对产品的影响时，必须结合产品考虑。

气候会影响人们的生活方式，甚至娱乐方式；地理会导致不同的交通条件、资源分布等，造成不同地区经济发展水平的不平衡，而且生活在这些地区的人们赖以谋生的手段、生活方式以及对产品的需求各不相同，因此有关产品的消费方式、结构和销售方法也不尽相同。这些因素都会对产品的销售带来影响。

此外，还有很多构成人们生活方式的社会文化因素，包括观念、信仰、传统习惯等，同样会对产品在当地市场的销售前景产生影响。

4.市场竞争性调查

现代商品市场中产品竞争的激烈程度对产品销售利润的影响相当大。因此，对产品的市场竞争性调查是决定产品市场销售成败的关键。竞争可分为直接竞争和间接竞争两种。一般而言，直接竞争是指经营同类或类似产品的行业之间的竞争；间接竞争则是指经营种类不同但用途相同的产品的企业间的竞争。在竞争性调查中，需要查明市场竞争的结构和变化趋势、主要竞争对手的情况以及本企业产品竞争成功的可能性。

（二）适销产品的市场调查

所谓适销产品，是指产品本身符合市场的需要和消费习惯，并为消费者所喜爱。这是任何企业都希望的。产品要适销对路，首先要满足消费者的喜好和要求，所以要对消费者的喜好和要求进行调查。适销产品的市场调查工作，常涉及关于产品的制造、生产和包装等方面的专门知识，一般可以从产品、包装、消费者等几个方面展开。

1.产品调查

各种不同的传统、心理状况和环境因素，都可以使消费者对产品形成不同爱好和要求。在进行产品设计，尤其是在进行广告活动时，调查清楚当地消费者对产品有不同爱好的潜在原因很重要。消费者对产品的各种具体要求表现在产品的不同方面，如色彩、风味、规格尺寸、式样类型、原料、性能和技术指标等。

（1）色彩。不同地区或同一地区的不同消费者，因其自身生活方式、生活习惯和文化背景不同，对色彩的喜好也各不相同。这一点在消费品方面表现得特别明显。同样一种颜色，在一个地区很受欢迎，在另一地区则可能很忌讳。同时，消费者对色彩的选择还具有某种象征性和情感的价值。

（2）风味。不同市场，甚至同一市场中不同类型的消费者，对产品的风味都各有所求。类似食品、调味品，不同消费者所要求的风味更是千差万别。

（3）规格尺寸。同色彩和风味一样，人们对产品规格尺寸方面的要求和爱好是多种多样的。生活在不同自然环境中的居民，体形各异，生活方式也不尽相同，因而对产品的规格和尺寸的要求也不一致，这能在具体产品的选择中反映出来。由于生活或喜好的要求，有些地方要求产品规格大，有些地方则要求产品规格小，这是极为正常的事情。

（4）式样类型。这方面的调查主要是要了解消费者对产品式样、类型方面的要求，并查明产品销售的目标细分市场的各类消费者所喜爱的式样和类型，以及近期可能出现的变化情况。

（5）原料。由于消费者爱好、要求和当地的流行风尚不同，消费者对产品生产原料的要求也不一样。对于出口产品，必须考虑出口对象国政府或其他有关机构对产品健康与安全的有关规定对原料产生的影响。

（6）性能。消费者对产品的性能，如保养、耐用程度、功能、操作等方面的要求各不相同。这些要求可能是出于价格因素的考虑，但常与用途和使用方法有关。

（7）技术指标。产品的技术指标无论对于工业产品还是消费品，都是重要的。产品技术指标包括尺码、电压、等级、硬度等具体项目。有些产品的指标是法定的；有些则是根据用户或消费者的需要，由企业自行拟定的。

2.包装调查

在市场调查中，查明市场对产品包装的要求也很重要。包装分为运输包装与直接包装两类。产品包装欠佳，常导致产品难以销售。一般欠佳的包装包括装卸困难、费用昂贵的包装，松散不牢、容易使货件遭受损伤的包装，不方便货物储存、分销和使用的包装，触犯政府有关规定或消费者的道德、心理禁忌的包装，以及对顾客不能产生吸引力的包装。

在实际生产和销售中，除少数产品外，大多数产品都需要某种形式的包装。为了更好地选择经济、实惠并为顾客普遍接受的包装形式，市场调查工作必须搜集如下几方面的资料：

（1）运输包装。无论选择哪种包装，都应了解产品的运输对产品包装的具体要求，了解运输时间，装卸方法，防盗、防腐、防潮、温湿度、分销的要求和包装成本等基本内容。此外，还需了解有关商品的仓储方式。

（2）直接包装。工业产品的直接包装一般按用户的要求而定，要求使用方便，因此，必须在调查工作中弄清用户的具体要求并提供有关资料，包括存放方法、启用方法和内容物识别标志，以及可否重复使用、回收等。

3.消费者（用户或中间商）调查

对适销产品的市场调查，除了需要结合当地市场的实际情况对产品本身进行全面分析外，还需要了解产品的用户或中间商对产品的具体要求，并弄清产品的用户是谁、他们使用产品的方法和购买产品的原因等。消费者调查主要包含以下内容：

（1）消费者的总体消费态势，如现有的消费时尚与各种消费者消费本类产品的特性等。

（2）现有消费者分析。①现有消费群体的构成，如现有消费者的总量、年龄、职业、收入与受教育程度等；②现有消费者的消费行为，如购买的动机、时间、频率、数量与地点等；③现有消费者的态度，如对产品的喜爱程度，以及对本品牌的偏好程度、认知程度、指名购买程度、使用后的满足程度与未满足的需求等。

（3）潜在消费者。①潜在消费者的特性，如潜在消费者的总量、年龄、职业、收入与受教育程度等；②潜在消费者现在的购买行为，如现在购买哪些品牌的产品、对这些产品的态度如何、有无新的购买计划、有无可能改变计划购买的品牌等；③潜在消费者被本品牌吸引的可能性，如潜在消费者对本品牌的态度如何、潜在消费者需求的满足程度如何等。

三、POP广告实地市场调查的地点和方法

（一）调查的地点

大量运用POP广告的主要有百货业、服饰业、餐饮业、建筑业、电器业、汽车业、文化产

业等服务场所。这些场所内外的所有商品以及用于展示与促销的平面、立体、电子、视频类广告，都可以作为POP广告设计前的调查对象。

（二）调查的基本方法

实地调查的方法很多，一般适合POP广告市场调查的有人员走访和现场观察等。

1.人员走访

所谓人员走访，是指市场调查人员实地与对方有关人员进行接洽，从中了解情况和搜集所需要的资料。人员走访通常被认为是获取调查资料最为可靠的方法之一，也是任何实地调查赖以获取详细、准确调查资料的重要方法。使用这种方法时，要求调查人员做好两方面的工作，既要适当地提出问题，又要细心观察对话人的反应。

2.现场观察

所谓现场观察，是指市场调查人员亲自到商店现场进行直接观察，从中了解有关情况，搜集所需要的资料。这种方法即使在调查预算费用十分有限的情况下也可以采用，而且经常可以获取大量有用的资料。

在商店现场观察中，市场调查人员无须与任何个人接洽，唯一要做的工作就是细心观察商店内的商品陈列情况，并根据调查表做好详细记录。调查的内容主要包括店名、品名、规格、价格等，可根据实际需要制成表格。通过商店现场观察，可以搜集到当地零售价格水平、竞争产品的特点和陈列方式、产品销售包装方式、市场中可能出现的广告及推销形式等资料。

四、资料、情报的搜集、分析与运用

从事POP广告设计工作，要有敏锐的思维：一有创意，立即行动；一有疑问，立刻改进。这一切都影响着资料的收集与运用。

周边情报的搜集与活用，对于POP广告工作者而言是制作的利器。销售人员的抱怨常是重要的资料来源，店家、店员的谈话内容更是制作POP广告的“点子库”。例如，销售人员表示“最近这批刚上市的产品，询问的顾客很多，但是销路不是很好”。仅仅“询问的顾客很多”这句话，就足以使POP广告工作者获得极大的启示。所谓“询问的顾客很多”，即表示到“兴趣”为止已很成功，但是消费者的心态没有从“兴趣”转移到“欲望”上，因此在制作POP广告时，加上几种产品的使用实例，或是强调商品的长处，就可以促使消费者产生购买欲望。

另外，资料的分析、统计与运用对于本次以及下次促销活动有很大帮助。间隔一段时间举办相同商品的售卖时，如果参考第一次售卖活动时各种商品的销售数量，然后制作商品的限量销售POP广告，就可以提高销售业绩。由此可知，只要仔细分析手边的资料与消费者的购买行为，必可获得不少促销构想与制作灵感。

五、POP广告市场调查报告的写作

POP广告市场调查报告的文体结构一般包括序言、摘要、正文和附件等部分。

（一）序言

序言一般只简单地介绍有关市场调查项目的基本情况，通常包括扉页、目录和简介等内容。扉页单独占一页纸，要求以简洁、工整的文字载明市场调查专题的名称、使用市场调查报告的企业名称、市场调查工作人员的姓名和部门，以及呈交报告的具体日期等内容。目录要求完整地列出构成报告的主要章节题目和索引。简介则应说明组织这次市场调查的原因和时间背景，对这次调查的基本目的做扼要说明，简述原先确定调查的主要问题，并说明变化及调整情况。

（二）摘要

摘要可以使企业有关人员很快了解市场调查的基本结果，以便从中引出结论和决定采取相应的措施。因此，摘要应使用简明扼要的语言对调查结果做概括介绍，说明市场容量、潜在的增长速度以及市场所在地的消费者对有关产品正反两方面的态度和意见，并提出某些带有行动意义的结论和建议。

（三）正文

调查报告的正文部分必须载明全部有关论据，从提出问题到得出结论，再到论证过程，均应概述无遗，同时应说明分析问题所采用的方法。此外，正文还必须载明可供企业决策阶层不受支配地进行独立思考的全部调查结果，或重新提出的、具有个人创见的其他必要信息。对一切无关的或不很确切的资料，应毫不犹豫地删除。

市场调查报告的正文应包含关于市场调查方法的说明、商品市场情况的介绍、结论与建议等。在关于市场调查方法的说明中，应简要地说明所使用的调查方法以及选择这些方法的原因。其基本内容应包括如何确定抽样结构和选择样本、资料的搜集方法、调查的深入程度和市场调查资料的分析处理方法等。

在商品市场情况的介绍中，应该全面说明对本企业组织产品销售的方式、规模和对发展前景可能构成重要影响的当地市场的特点。而且，各项说明必须反映出调查产品的类别以及进行这次市场调查的目的。一般来说，这部分应包括产品的市场容量、潜在变化趋势、市场结构细分、销售渠道与分销方式、竞争企业的市场占有份额、竞争产品同本企业产品的比较、本企业产品的市场反应，以及客户对产品的需求、购买行为、习惯和态度等内容，并相应地提出定价原则和建议采用的广告与促销办法。

在结论与建议部分，应具体说明市场调查结果对本企业产品及其销售业务提出的要求与应该采取的改进措施。在此，还可以提出多种方案供有关人员选择，并说明可能需要支付的费用和预期达到的目标。同时，应对未来市场的变化和本企业产品的销售做出合理的预测。

（四）附件

附件可以将有关资料集中起来，而这些资料正是论证、说明或深入分析报告正文内容所必需的参考资料。每一份附件都应该按一定的逻辑顺序标上编码。一般附件有各类统计图表、资料来源名单、调查问卷副本、调查样本详细情况、工作时间表、谈话记录等内容。

情境演练1

POP 广告市场观摩考察

• 任务描述

分小组，选择3～5个以零售为主的服务场所（包括大型购物中心、服装品牌专卖店、餐饮店、电器购物超市、汽车城、美妆中心等），现场观察并记录该商业场所室内外环境中的所有广告物。

内容包括招牌、橱窗、展示与陈列、电子屏幕影音（视频）广告、广播（声响）广告、室内或户外灯箱、平面招贴、促销杂志或产品目录、礼品广告、装饰电子广告、动态式模型广告、霓虹（或LED）广告，甚至真人广告（如形象代言人、礼仪小姐，以及身着服饰、鞋、帽、挎包等商品的广告模特、车模等）等各种形态的广告形式。

• 实训目标

学习目标：了解POP广告的多种形式；了解广告市场的现状及发展动向，感受行业的格局和变迁。

能力目标：具备拍摄素材图片的能力，具备制作PPT提案的能力，具备阐述与表达能力。

思政目标：培养团队合作精神，培养民族自豪感，培养良好的人际社交方法。

• 任务展开

（1）带上数码相机，拍摄典型或优秀的POP广告物，注意紧扣广告图像的视觉质量和广告物的造型特征，注意画面构图、清晰度和写实效果，注意光线和图像的颜色饱和度。广告文字、辅助图形、标志等POP广告内容要尽量拍得清晰。

（2）拍照的同时需做必要的文字记录，以免资料拍摄过多后造成记忆、识别混乱，给后面的整理、分类带来麻烦。

（3）多留意店内外一切用于促销的综合POP系列广告形式，如招贴式、包装式、柜台的展示卡、展示架、货架式、落地式、吊旗式、悬挂物式、摇摆式、霓虹式、展示型、门店或橱窗与过道式等各种POP广告类型。

（4）拍摄与记录的资料带回后输入个人工作电脑，然后进行整理、归类、分析，并撰写一份图文并茂的“POP广告市场观摩报告”，作为后面课程学习和实训作业的参考资料。

• 考核重点

对POP广告市场的正确认识是本任务的考核重点。

学生调研拍摄资料作品样例如图1-31至图1-41所示。

图1-31 装饰于商场电梯玻璃的壁面POP广告

图1-32 货堆柜台形象展示牌式POP广告

图1-34 柜台式POP广告

图1-33 商场内部空间多媒体展示POP广告

图1-35 仿制模型与广告牌结合式POP广告

图1-36 悬吊式立体POP广告

图1-37 吊旗式POP广告

图1-38 大型商场室内灯箱式POP广告

图1-39 直述式促销POP广告

图1-40 幌子形式的POP广告

图1-41 材料型门面招牌POP广告

项目二

掌握 POP 广告的功能与分类

【学习目标】

了解POP广告在SP（促销）战略中的作用、3种基本功能及服务业功能；知道POP广告对消费者传播的行为起到的“AIDMA法则”功能，以及对促销的作用和意义；懂得POP广告按广告主、使用性质、时效性，以及不同材料、陈列位置和方式的各种分类方法、类型特点和相关知识，并学会运用合适的分类法收集、整理POP广告设计前的备用资料。

任务一 了解POP广告的功能

一、POP广告——SP（促销）战略的中枢

高速发展中的营销活动以大量生产、大量销售为特色。在如今竞争激烈的市场中，POP广告不仅是传达信息的工具，而且肩负着诱导购买的重任。

POP广告是SP（促销）活动展开的要素之一，而促销又是广告计划中的一部分（见图2-1）。POP广告虽然并不具有其他媒体（如电台、电视、报纸）般的实体，却是最能适应环境变化的一种促销媒体。其传达速度快，形式变化多样，可以说是销售点中最具弹性的优秀“推销员”。

POP广告不再只是传达活动信息的工具或是作为店面的装饰品，把它纳入促销活动的重要因素是必然的趋势。

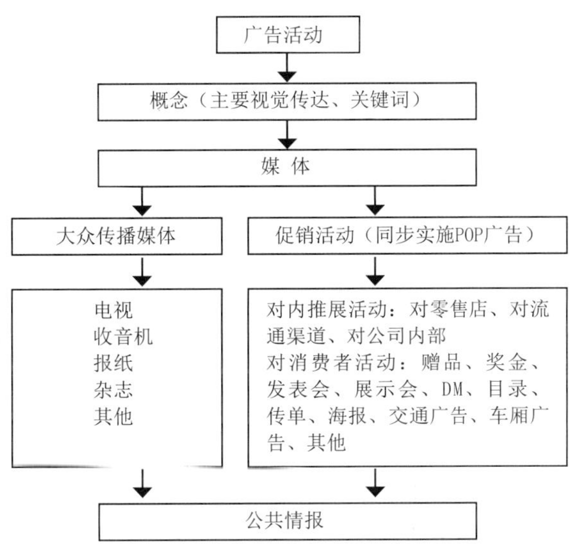

图2-1 广告活动计划示意图

二、POP广告的3种基本功能

POP广告的功能，简单地说，就是让“店面”商品和消费者之间有互动关系。在商品生产后经铺货途径到零售店，再到在零售店内刺激消费者产生购买行为这一连串的过程中，POP广告扮演着具有传播效果的角色。

电视广告、电台广告、报纸广告都有其特定的诉求目标。POP广告也有和其他媒体不一样的市场功能。如果此功能无法充分达到诉求目标，商品和消费者之间便不能建立互动联系，无法达到事半功倍的效果。下面就POP广告对消费者、零售店、生产商的功能及其互动关系进行说明。

（一）对消费者的功能

（1）吸引顾客注意，使顾客驻足。POP广告可以凭借其新颖的图案、绚丽的色彩、独特的构思等形式引起顾客对商品的注意并引发其购买兴趣，使之驻足停留进而购买。

（2）及时传达商品信息，如新产品发售时间与商品的内容，商品的位置和配置，商品的特性、功效和使用方法，商品的价格，特价商品等，告知顾客最新的商品供应信息。

（3）唤起消费者潜在的购买意识。尽管各厂商已经利用各种大众传播媒体对本企业或产品进行了广泛宣传，但是有时消费者步入商店后，可能已经将其他大众传播媒体的广告内容遗忘，此刻利用POP广告在现场展示，可以唤起消费者的潜在意识，使他们重新忆起商品，为促成购买行动做好铺垫。

（4）使消费者认识商品并记住品牌，提高消费者对商品的忠诚度。

（5）帮助消费者选择合适的商品，使消费者较易了解商品并比较商品。

（二）对零售店的功能

（1）创造销售气氛。利用POP广告强烈的色彩、美丽的图案、突出的造型、幽默的动作、准确而生动的广告语言，可以创造强烈的销售气氛，吸引消费者的视线，促使其产生购买冲动。

（2）促进消费者的购买行为，从而提高零售店的营业额。

（3）使消费者和零售店之间产生良好的互动关系，并使其对零售店留下深刻印象。

（4）配合季节、节假日进行促销，营造一种欢乐的时令和节日气氛。如春节期间，许多大型商业中心门前、门后的广场上，常常可以见到很多红灯笼迎风飘荡等的装饰手法，衬托出欢乐的节日氛围。这些装饰会使消费者为之一振，并自然地走进商场逛一逛，顺便购物。

（5）取代售货员，即代替售货员说明商品的使用方法与特征。超市经常使用POP广告。超市使用自选购买方式，摆放在商品周围的POP广告不断地向消费者提供商品信息，可以起到吸引消费者并促成其购买决心的作用。

（6）节省人力，降低服务业的营销、广告宣传成本。POP广告具有很高的广告价值，而且成本不高。它起源于超级市场，但同样也适用于一些普通商场，甚至一些小型的商店等。

（三）对生产商的功能

（1）宣传新产品的上市、性能、价格。

（2）SP活动的重心、广告计划的终点。

（3）使零售店负责人产生兴趣，帮助销售。

（4）厂商名及商品名不断地出现，可使企业形象（CI）深入消费者的内心。

（5）促进超级市场与供应商之间的互惠互利。

（6）提高商品形象和企业形象。塑造和提升良好的企业形象，并与顾客保持良好的关系，是POP广告对企业来说最重要的功能。

三、POP广告的服务业功能

（一）POP广告是“信息服务业”

何谓服务业？依照辞典的解释：“服务业包括旅馆、饭店、广告业、修理业、娱乐业、保险、医疗、宗教、法务，以及其他非营利性的团体等。”大体而言，现今消费者的价值观已从“物”向“事”转变。POP广告在现阶段所扮演的角色，是配合消费者的需要，提供即时又可靠的信息。POP广告所持的基本观念应完全能够配合未来的消费趋势，而关键就是“服务”。

图2-2 POP广告在百货业（超级市场）的广泛应用

21世纪是服务业的时代，所有生活层面的消费者都将变成服务业者的工作对象。POP广告工作者必须能够在与生活有关的环境中找出具有“服务价值”的素材。

（二）未来型信息服务

在当今这个多变的社会中，促销与购买之间的关系，已从说明商品内容的POP广告促销方式演变成“先以POP广告呈现良好的商品形象，再来吸引消费者购物”的新形式。预知消费者的购物趋势，并且适当呈现具有特色的POP广告，才是符合“未来型信息服务”的正确做法。大量运用POP广告的服务业主要有百货业（超级市场）、服饰业、餐饮业、建筑业（房地产）、电器业、汽车业、文化产业等（见图2-2至图2-8）。

图2-3 POP广告在餐饮业的广泛应用

图2-4 POP广告在服饰业的应用（橱窗与店内均广泛使用）

图2-5 POP广告在文化事业宣传中的应用

图2-6 POP广告在汽车业的应用

图2-7 POP广告在建筑业（房地产）等销售场所的装置应用

图2-8 POP广告在首饰精品业的促销应用

四、POP广告对消费者传播的行为起到的“AIDMA法则”功能

如何在零售店使商品与消费者达到较好的互动关系，一直是POP广告促销的要点。吸引消费者历经“店面→店内→商品→购买”的一系列过程，关键就在于POP广告对消费者是否已达到传播的功能。

POP广告涉及心理学的范围，如果进一步细分，则可将其归为购买行动心理学。它的起源就是所谓的“AIDMA法则”。“AIDMA法则”是指消费者在购买时，心理上所产生的5个阶段。POP广告如果从构思、策划、制作、使用到管理等各方面都依据该法则，相信能达到一定的促销效果。

下面对AIDMA的过程加以说明。A（attention，注意）：先引起注意。I（interest，兴趣）：产生兴趣，加以关心。D（desire，欲望）：刺激购买欲望。M（memory，记忆）：记在心里。A（action，行动）：产生购买行为。

表2-1为“AIDMA法则”与POP广告形式的对应关系。

表2–1 “AIDMA法则”与POP广告形式的对应关系

心理阶段	消费者行为	POP广告形式
A	注意店面告知	店面门面、布旗、布帘、橱窗
I	接近并看店面告知的商品	店面海报、传单、吊旗、模型
D	产生购买欲望，考虑购买条件及服务	商品附贴纸、标签
M	了解商品价值	货架、柜台的价目卡、展示卡、展示架
A	付款	收银柜台的指示卡、吊旗

五、POP广告对促销的作用和意义

POP广告以醒目的色彩搭配、活泼的版式布局、易认易读的美术字体、幽默的插画等来向消费者宣传产品特色和促销活动，对消费者、零售商、生产商都有重要的作用。

在超级市场促销中，必须提高商品陈列的视觉效果。但仅仅通过陈列来提高是不够的，POP广告具有强烈的视觉传达效果，可直接刺激消费者的购买欲望。

实践证明，身处21世纪新媒体数字时代，POP广告仍是零售企业开展市场营销活动、赢得竞争优势的利器。具体表现如下：①POP广告仍然是最流行的广告形式之一；②POP广告仍然拥有很大的可用流量；③POP广告仍然有较低的成本；④POP广告仍然是最容易测试的；⑤POP广告仍然能最快做优化；⑥POP广告仍然很容易定位；⑦POP广告仍然有非常有创意的设计；⑧POP广告仍然是开展市场营销活动的好方法；⑨POP广告仍然可以使用人工就能获得解决方案；⑩POP广告可以看起来很像原生广告。

任务二　掌握POP广告的分类

POP广告种类繁多，在实际运用时，可以根据不同的标准进行划分。不同类型的POP广告，其功能也各有侧重。

一、按广告主的不同进行分类

POP广告按广告主的不同，通常可分为生产商POP广告、超市（量贩店）POP广告、零售店POP广告3种。

（一）生产商POP广告

生产商POP广告是指生产商为了配合促销活动而制作的POP广告，多半为大量制作，如常见的吊旗广告一般就是由生产商提供的（见图2-9至图2-11）。因其预算充分，所以能依不同目的而制作出美观、高品质的POP广告。不过，因为无法配合每一家零售店的格局，如果零售店毫无规律地张贴，有时反而会破坏店内的环境，所以生产商最好配合零售店的格局来制作POP广告。另外，也可在POP广告上预留部分空间，供零售店书写或加工。

图2-9 生产商统一制作的吊旗、悬吊物POP广告（提供给零售店用）

图2-10 生产商统一制作的陈列宣传POP广告（提供给零售店用）

图2-11 超市制作的悬吊POP广告

（二）超市（量贩店）POP广告

超市POP广告是指百货公司、超级市场等大型商店为了节庆或特卖所制作的POP广告。它通常由卖场或连锁店统一规划、制作；其制作规模与广告费用都比不上生产商所制作的POP广告，但变化比生产商POP广告多（见图2-12至图2-14）。

图2-12 超市制作的品牌货堆POP广告

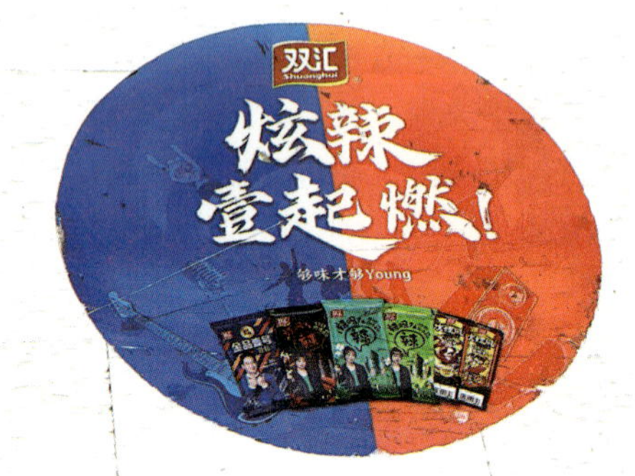

图2-13 超市制作的地面式促销POP广告

图2-14 超市制作的活动主题展示POP广告

超市POP广告在制作时可依卖场的空间做适当的调整，展示出具有特色的卖点。手绘制作的POP广告常有立体、半立体、平面等形式，色彩丰富、变化大，是生产商POP广告所不能比拟的。亲切、温馨、适时切入是其最大的特色。

（三）零售店POP广告

零售店POP广告是指零售店的店主及店员为了配合商品或卖场自行绘制的POP广告（见图2-15至图2-18）。其制作大多依赖手工，种类多而量少，与生产商POP广告正好相反。受其制作者的水平高低不同的影响，呈现效果也各有不同。

近年来，POP广告因其所具有的时效性而逐渐受到零售店的欢迎。如果零售店能在促销上加大力度，则既能凸显出与其他商店的差异，也能促使自己的营业方式一枝独秀。

图2-15 零售店制作的位于店内的营造商业促销氛围的壁面POP广告

图2-16 零售店用来说明商品种类、功能、价格的POP广告

图2-17 零售店制作的促销手绘POP广告

图2-18 零售店用来说明服务内容的手绘POP广告

二、按使用性质的不同进行分类

（一）形象POP广告

形象POP广告是提升商店和产品形象不可或缺的媒介，能提升产品的精致度及企业的形象，促进消费者对商品价值的认同（见图2-19）。它不仅能满足现代人讲究品质的心态，还能对商品做明显的个性化宣传。海报文案要避免促销的意味，以免使消费者感觉其是以营利为目的的。形象POP广告在广告的营销策略中有较高的定位，所以在任何活动前都应该首先确立它的定位，并有效地执行。在色彩的选择及促销活动的角色上应尽可能使其呈现出高级的风貌及良好的亲和力，这样才能在顾客的心中留下深刻的印象。

图2-19 购物中心入口处视觉形象POP广告

（二）信息POP广告

信息POP广告是商店与顾客间的沟通桥梁，为顾客提供便利，由商店主动提供信息。其主要告知顾客所服务的事项、商店营业时间、商品售价、商品特性等（见图2-20、图2-21）。POP广告正如一名推销员，将顾客可能问及的事项尽可能地都标示出来，节省了人力。POP广告的用词要温和，字迹不可潦草，应给人以亲切感。

图2-20 在促销活动现场用于展示经营信息的立牌POP广告

图2-21 提供服务信息POP广告的互动机器人

（三）促销性POP广告

促销活动有别于日常性的销售活动，主要作用在于提高顾客进店与购买比率及制造话题，如年间节庆、季节转换、季末清仓、老店新开等时机，以便能切实实现促销活动的功效（见图2-22至图2-25）。促销性POP广告属于一种短期性、诉求力强的广告，可将浓厚的交易气氛提升到最高点，如“酬宾活动”，针对老顾客，以VIP的形式举办摸彩、送礼活动，尽可能体现创意与新奇感，并能顾及店铺的形象；“节庆性促销活动”，根据社会民风习俗，按月、按季推出促销活动，开幕周年庆及分店开张也可作为活动推出的机会；“奖励性促销活动”，结合地方上的活动，让顾客产生“这家店值得光顾和对社会有贡献”的印象；“服务性活动”，提供商品的咨询服务，并同时接受信用卡、微信、支付宝等多种消费支付方式，延长营业时间，建立送货制度，以及提供精美包装、免费停车等一系列服务。

图2-22 提供促销信息的户外楼面POP广告（数字屏幕）

图2-23 店内货堆附属的促销POP广告牌、架、标签等组合

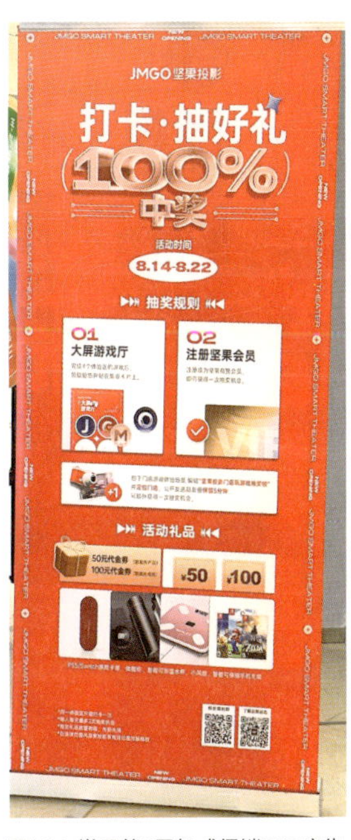

图2-24 常见的X展架式促销POP广告

图2-25 店内楼层电梯门上张贴的POP广告

（四）指示性POP广告

指示性POP广告的最大用途是购买指引，避免消费者产生购买障碍，在最短时间内寻找到满意的商品。尤其是在大型卖场，顾客面对陌生、宽阔的空间时，往往会不知往哪儿走，从而降低购买意愿。良好的指示标志成了卖场不可缺少的媒体广告。

指示性POP广告除了可标示收银台、出入口外，还可用于标示吸烟区、禁烟区、营业时间、电话亭、洗手间等，视商店的实际需要与环境而定（见图2-26）。指示性POP广告通常以醒目、简单的设计概念制作而成，并且常用“箭头式”的表现方式。

图2-26 指示性POP广告牌

（五）价目卡POP广告

价目卡POP广告虽然时效短，但可达到的促销效果较好，所以在POP广告中的使用率最高。价目卡的种类繁多，其表现方式的范围也逐渐扩大，除了单纯地标明商品名称与价格外，还可加入图片，甚至简短的广告标语或说明（见图2-27），以提高整体的视觉倾诉力，吸引顾客的目光，使其产生明确的购买行动，进而促成交易。当然，在设计上应采取简洁、醒目的做法，以便顾客购物时进行选择，还可避免讨价还价的情形发生。它在购求“自助”的时代里是不可或缺的得力助手。

图2-27 各种小标贴、价目卡（留有标价空位）、促销卡式POP

图2-28 提供服务内容等信息的说明性POP手绘招贴

图2-29 提供信息的说明

（六）说明性POP广告

说明性POP广告通常运用于产品的介绍或产品使用方法的介绍中，让消费者对产品有多样的选择（见图2-28、图2-29）。在文案的使用方式上，应以简单的字句来叙述，以免将产品复杂化。以主动的方式把产品的特色直接通过POP手绘招贴传达给顾客，使顾客与店家的交易行为真诚、坦然，让消费者的消费权益获得十足的保障，可让消费者在做购买选择时的弹性拉大并促进购物的决定。

三、按时效性的不同进行分类

POP广告在使用过程中的时效性很强。按照不同的使用周期，可把POP广告分为三类，即长期POP广告、中期POP广告和短期POP广告。

（一）长期POP广告

长期POP广告是指使用周期为一年以上的POP广告类型，主要包括招牌POP广告、柜台及货柜POP广告、企业形象POP广告。这些POP广告形式所花费的成本一般都比较高，使用周期都比较长，所以设计时必须考虑得极其精到。

（二）中期POP广告

中期POP广告是指使用周期为一个季度左右的POP广告类型。一些季节性商品，如服装、空调、电冰箱等，因使用时间有限制，其POP广告的使用周期一般为一个季度左右，所以属于中期POP广告。

（三）短期POP广告

短期POP广告是指使用周期为一个季度以内的POP广告类型，如柜台POP展示卡、展示架，以及商店的大减价、大甩卖招牌等。由于这类广告的存在都是随着商店内某类商品的存在而存在的，只要商品一卖完，该商品的广告也就没有存在的价值了，因此这类POP广告的投资一般比较低，设计也相对不太讲究。

四、按材料的不同进行分类

POP广告所使用的材料多种多样，根据产品不同的档次，可使用从高档到低档不同的材料。一般常用的材料有金属材料、木材、塑料、纺织面料、人工仿皮、真皮和各种纸材等。其中，金属材料、真皮、真丝、纯麻等多用于高档商品的POP广告；塑料、化纤面料、人工仿皮等多用于中档商品的POP广告；而纸材一般用于中低档商品和短期POP广告。当然，纸材也有较高档的，而且由于纸材加工方便、成本低，所以在实际运用中，它是POP广告普遍使用的材料。

五、按陈列位置和方式的不同进行分类

陈列位置和方式不同的POP广告，在材料选择、造型、展示等方面有很大区别，这对于POP广告设计本身至关重要。根据陈列位置和方式，POP广告可分为以下几类。

（一）店头POP广告

店头POP广告指置于店头的POP广告，效果非常直观，冲击力大，如看板、海报、店招、立式招牌、大木偶、站立广告牌、实物大样本、大型识别装置、高空气球、广告伞等（见图2-30至图2-37）。

图2-30 户外站立广告牌式POP广告

图2-31 门店附近的户外大型识别装置式POP广告

图2-32 店外立体形象招牌式POP广告

图2-33 商业角色（吉祥物）等模型式POP广告

图2-34 促销现场的实物大样本模型式POP广告

图2-35 店门外的小型立牌看板式POP广告

图2-36 店门头霓虹灯招牌式POP广告

图2-37 销售活动现场品牌方制作的多媒体综合营销POP广告

（二）招牌POP广告

招牌POP广告包括店面、布幕、旗帜、横（直）幅、电动字幕等，功能是向顾客传达企业的识别标志和企业销售活动的信息，并渲染这种活动的气氛（见图2-38至图2-41）。

图2-38 充分利用公共空间的数字媒体招牌POP广告

图2-39 充分利用店内空间的数字媒体招牌POP广告

图2-40 店内主题整体促销招牌POP广告

图2-41 购物中心内带有指示功能的招牌POP广告

（三）标志POP广告

标志POP广告又称卖场指引POP广告，包括商场或商品位置指示牌和指示性标志，功能主要是向顾客传达购物的流程和位置的信息，可在头顶上方、地上等设置并予以指示（见图2-42至图2-45）。

图2-42 用于指引方向的地面式POP广告

图2-43 标示不同功能空间的指引POP广告

图2-44 标示楼层功能性质或单位名称的指引POP广告

图2-45 地面投影标示指引POP广告

图2-46 单幅条幅式POP广告

（四）悬挂式POP广告

悬挂式（吊挂式或天花板式）POP广告是对商场上部空间及顶面有效利用的一种POP广告类型，一般包括悬挂在超市卖场空中的广告旗帜、吊牌广告物、气球、包装空盒、装饰物等（见图2-46至图2-48）。

图2-47 视觉冲击力强的列阵吊挂式POP广告

图2-48 百货商场促销悬挂式POP广告

（五）海报（招贴）POP广告

海报POP广告类似于传递商品信息的海报，要注意区别主次信息，严格控制信息量，建立起视觉上的秩序（见图2-49至图2-51）。

图2-49 手绘风格的海报POP广告

图2-50 插画+实物图片的招贴POP广告

图2-51 手绘风格的海报POP广告

（六）服务表示POP广告

服务表示POP广告的内容为服务客人的方针或座右铭，以条例或标语方式简洁地表示，一般文字不超过3行（见图2-52、图2-53）。

图2-52 服务表示POP广告

图2-53 营造活动氛围的服务表示POP广告

（七）地面立式POP广告

地面立式POP广告是指从店头到店内的在地面上放置的POP广告，具有商品展示与销售功能。部分地面立式POP广告也包含一些电子显示屏、电动造型POP广告等。它有时也被称为“层面POP广告”，包括立体陈列、篮子、立竿、架子、大木偶等（见图2-54至图2-57）。

图2-54 产品形象与数字影像相结合的地面立式POP广告

图2-55 专卖店仿生地面立式POP广告

图2-56 可挂置样品的立牌样式POP广告

图2-57 摆设酒类样品的地面立式POP广告

（八）商品的价目卡、展示卡式POP广告

价目卡即价格标签的POP广告，用于标明商品的名称、价格，能使消费者在稍远处就看到售价。展示卡式POP广告的主要功能为标明商品的价格、产地、等级等，同时也可简单说明商品的性能、特点、功能等（见图2-58至图2-61）。

图2-58 标明商品品牌和特点的展示卡式POP广告

图2-59 标明商品名称和特色的展示卡式POP广告

图2-60 置于货架上标明促销口号的展示卡式POP广告

图2-61 标明商品价格的价目卡式POP广告

（九）柜台展示式POP广告

置于商场柜台上的POP广告，为消费者提供了近距离接触商品和试用商品的机会。柜台展示式POP广告的主要功能是陈列商品，而且需陈列大量商品，在满足商品陈列的功能后再考虑广告宣传的功能（见图2-62至图2-64）。

图2-62 化妆品常用的柜台展示式POP广告

图2-63 潮玩品牌的柜台展示式POP广告

图2-64 大型货堆上陈列的柜台展示式POP广告

（十）陈列架POP广告

陈列架POP广告是指商家利用商品货架的有效空隙，在货架上设置的小巧的POP广告，如附在商品陈列架上的货架展示卡、货架价目卡等小型POP广告，非常多见（见图2-65至图2-67）。

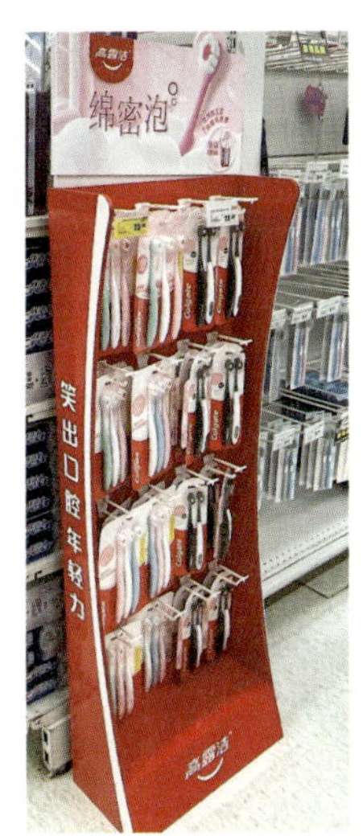

图2-65 小型日用品的陈列架POP广告

图2-66 食品类陈列架POP广告

图2-67 鞋类陈列架POP广告

（十一）商品说明POP广告

商品说明POP广告用以标示商品的尺寸和规格等，或展示材质、构造、用途、使用方法等，可用图表加以说明（见图2-68至图2-70）。

（十二）与商品结合式POP广告

这类POP广告一般指包装POP广告。商品的包装具有促销和宣传企业形象的功能，如附赠品包装、礼品包装和若干小单元的整体包装（见图2-71、图2-72）。

图2-68 利用商品说明POP广告进行科普

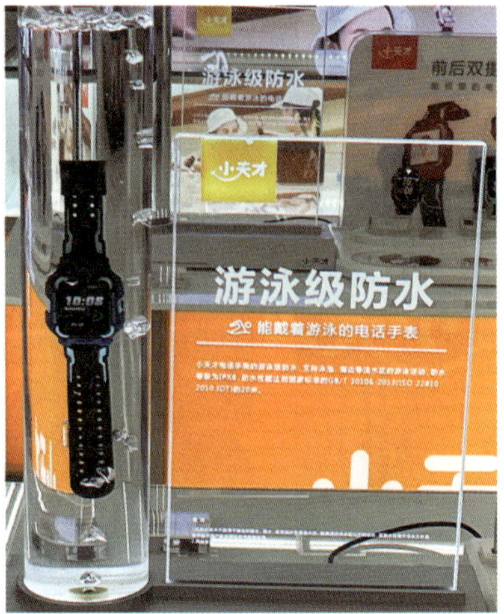

图2-69 展示材质、构造、用途的商品说明POP广告

图2-70 置于货架的展示产品信息的商品说明POP广告

图2-71 便于展示、陈列于货柜与货堆上的饮品包装POP广告（与商品结合式）

图2-72 便于展示和携带的饮品包装POP广告（与商品结合式）

（十三）灯箱POP广告

超级市场中的灯箱POP广告一般较多地稳定在陈列架的端侧或壁式陈列架上，主要功能是指定商品的陈列位置和品牌专卖柜（见图2-73至图2-75）。

图2-73 置于壁面的灯箱POP广告

图2-74 围绕商场圆立柱的灯箱POP广告

图2-75 装置于立柱围面的灯箱POP广告

（十四）壁（地）面POP广告

壁面POP广告是指附在墙壁上的POP广告，如海报板、挂旗、告示牌、贴纸、装饰等，一般利用墙壁、玻璃门窗、柜台等粘贴商品海报、招贴传单。它以美化壁面或地面、告知商品信息为主要功能，重视装饰效果和渲染销售气氛（见图2-76至图2-80）。

图2-76 超市介绍商品信息的地面POP广告

图2-77 异域风情主题餐厅的玻璃壁面POP广告

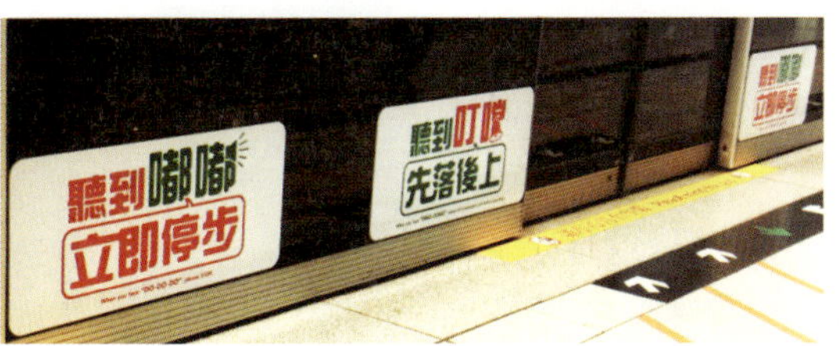

图2-78 地铁隔离玻璃门上的POP广告

图2-79 汽车品牌促销地面POP广告

图2-80 购物中心中庭主题壁面+立式POP广告

（十五）橱窗式POP广告

橱窗式POP广告是指橱窗内外的商品布置、展示内容和相关的装饰、贴纸、海报等（见图2-81、图2-82）。

（十六）大型展示棚架式POP广告

大型展示棚架式POP广告一般具有非长期性（一段时期后可拆除）和非固定性（可移动），多位于室外或商场大堂等较高大的空间内，用于非长期性的促销活动（见图2-83至图2-86）。

图2-81 化妆品专卖店的橱窗式POP广告

图2-82 体育品牌专卖店的橱窗式POP广告

图2-83 街头促销店形式的展示棚架POP广告

图2-84 超市内的大型专卖屋棚式POP广告

图2-85 大型购物中心内部设置的大型展示架POP广告

图2-86 商场主题活动展示POP广告

（十七）声像式POP广告

现代技术的加入使得POP广告的形式更加灵活多样。利用电子屏幕或数字化演示等，可以通过形、声、色综合传达商品及广告的信息（见图2-87至图2-89）。

图2-87 置于橱窗内的声像式POP广告

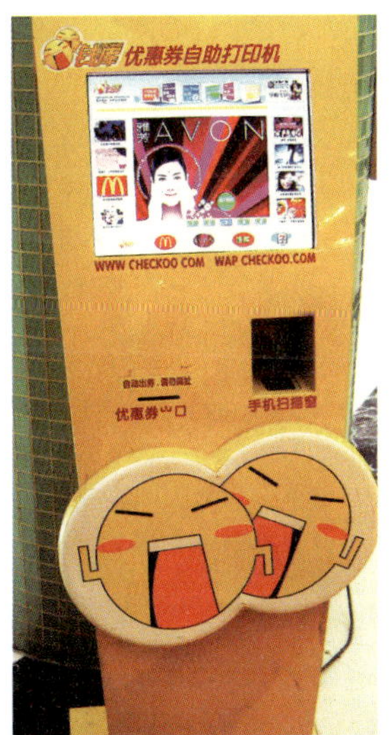

图2-88 提供智能互动与咨询功能的声像式POP广告

图2-89 介绍商品的声像式POP广告

（十八）其他特色的POP广告

除此之外，像X展架式POP广告、动态式（包括摇摆式）POP广告、光源式POP广告、探出式POP广告（以探出的形式安装在货架隔板和通道上的广告）、弹簧式POP广告（弹簧式广告牌）、手册支架式POP广告（有关商品情报的小册子用的支架）、促销笼车式POP广告（销售相关小商品用的笼车）以及真人POP广告等，虽然不能归于以上的某一类型，但作为各具特色的POP广告形式，也是值得我们学习和研究的（见图2-90至图2-98）。

图2-90 X展架式POP广告

图2-91 苗族特色食品商店真人POP广告

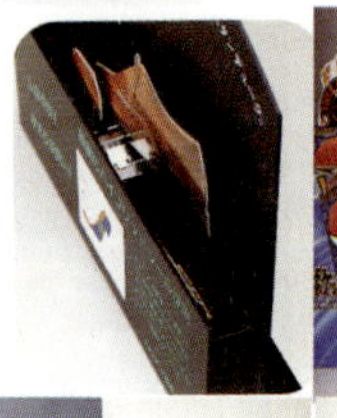

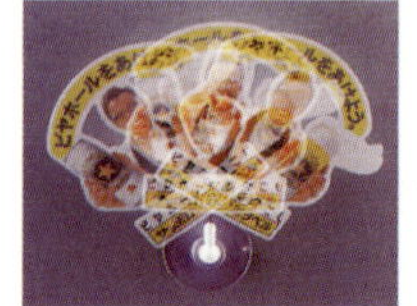

图2-92 动态式POP广告

图2-93 电光源式POP广告

图2-94 文化创意园内壁面投影式POP广告

图2-95 以仿真模特做促销的装置式POP广告（特殊材料）

图2-96 霓虹光源式POP广告

图2-97 外卖车支架上的车尾箱促销POP广告

图2-98 餐厅门口做促销的装置式POP广告（特殊材料）

情境演练2

POP 广告设计定位调研分析

• 任务描述

分小组，选择3～5个以零售为主的服务场所（包括大型购物中心、服装品牌专卖店、餐饮店、电器购物超市、汽车城、综合商品或专类商品的大型交易会、展览会等），如“国美电器”“苏宁电器”等大型专业电器商城，“沃尔玛”“好又多”“百佳”等百货超市以及大型商场、购物中心等，现场仔细观察各种POP广告的类型，分发调查问卷，掌握不同消费者对不同POP广告的喜好和心理感受。

通过网络资源平台，搜集国内外优秀POP广告类型及专家评论，整理成素材资源库，逐渐形成个人观点。

• 实训目标

学习目标：区分POP广告的多种类型和所起到的作用。
能力目标：具备拍摄素材图片、制作PPT提案、信息检索的能力。
思政目标：培养团队协作精神，具备自主思辨精神。

• 任务展开

（1）按陈列位置和方式的POP广告分类，列一份较完善的POP广告种类清单。

（2）拟定针对消费者或商家的调查问卷，问题设置简洁、便于回答。

（3）以列好的清单为参考，留意调研的商店内外一切用于销售、促销和宣传的各类POP广告形式，如店头看板、海报、立式招牌、大木偶、站立广告牌、实物大样本、高空气球、橱窗展示、广告伞、指示性标志等各具特色的POP广告形式。

（4）带上数码相机，拍摄典型或优秀的POP广告物，广告文字、辅助图形、标志等POP广告内容要尽量拍得清晰。

（5）做必要的文字记录，以免资料拍摄过多造成记忆、识别混乱，给后面的整理、分类带来麻烦。

（6）从整理好的拍摄与记录的资料中挑选部分典型图像，制作成易于演示和讲解的图文并茂的PPT演示文件。演示文件以播放讲解时间在10分钟以内为宜。教师可进行一定的试讲演练，根据实际情况操作，若学生人数较多，可选取部分学生进行市场调研汇报。

• 考核重点

对POP广告市场和行业的正确分析以及提案汇报完成的质量是本任务的考核重点。

模块二　整合应用篇

项目三

精通 POP 广告视觉构成要素表现

【学习目标】

掌握POP广告文字的基本书写特征，并能在此基础上利用各种设计手法进行装饰字的创意设计；了解POP插画的多种表现手法；能结合版式设计，合理运用装饰边框，加强画面视觉效果。

任务一　字体设计

一、字体书写的基本要点

POP广告字体是经过装饰和美化的文字，其特点为结构方正、笔画夸张、活泼、醒目、大方、独具韵味。进行各类POP广告设计时都要用到它。

POP广告字体书写必须注意以下3个基本要点。

（一）醒目

可从底色纸的颜色和面积方面体现醒目这一基本要点。卖场中会陈列各种大小不同、颜色各异的商品。在这个色彩缤纷的环境中，如果将全部POP广告都统一使用单色制作，一般不会引起消费者的特别注意。尝试使用不同色彩制作POP广告字体，定会收到不同的效果（见图3-1）。

人们对不同颜色有不同的感觉。许多促销期间的商品价格牌都会使用中黄色，因为黄色会给人一种低价的感觉。另外，淡粉色和橘黄色的效果也不错，给人温暖感，使人在心理上感觉亲切。与冷色系相比，消费者大多更喜欢暖色系。当然，也要根据不同类型的商品进行选择，如海产品的宣传就适宜用蓝色。

另外，POP广告的面积还应该根据商品的大小、书写的内容而变化。对于成堆摆放的特价商品，应采用大型的POP广告，安排的位置尽量高一些；对于在货架上摆放的小型商品，在制作POP广告时则要注意用纸的大小，不要遮挡住商品。

（二）简洁

促销过程中，虽然传达给消费者的信息越详细越好，但如何将想要宣传的内容全部准确地表达出来是个问题。如果将全部内容用很小的字写在POP广告上，导致消费者看不清，那么消费者就索性不会去看了。因此，应该尽量将商品的特点总结成条目，简洁明了，并且至多3条，以便于消费者阅读和了解（见图3-2）。

POP广告字体用的颜色应该控制在3种以内。如果字体的颜色太多，反而会令顾客眼花缭乱，不易看清。

（三）易懂

介绍商品的语言应尽量口语化，避免生僻字，要让顾客一目了然，不能含混、晦涩（见图3-3）。

图3-1 用不同颜色设计的POP广告字体

图3-2 饮品海报POP广告设计

图3-3 食品海报POP广告设计

二、正体字的书写表现

POP广告正体字书写是学习POP广告的基础。利用平头马克笔，在四方格中书写完成，如果将框线去除，则字体就呈现方形。对于初学者来说，掌握正体字的写法是必要的，通过练习，熟悉汉字的字形结构，对于日后学习其他字体将有很大帮助。POP广告正体字给人一种整体规整感（见图3-4）。书写正体字时，要将原本弯曲的笔画尽可能拉成接近竖或横的笔画，并且将每一笔延伸、扩充、拉长，让空白空间减少。

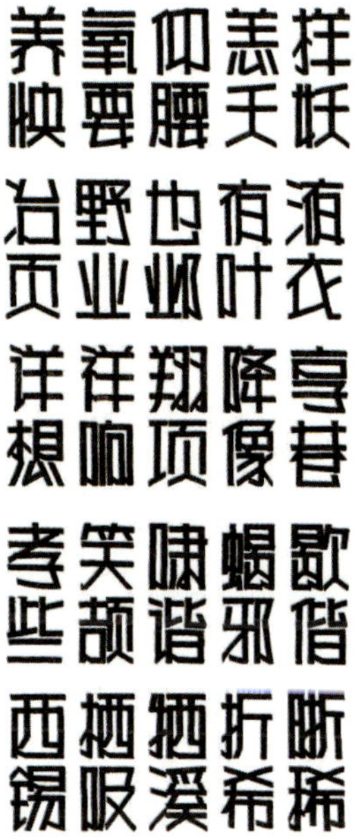

图3-4 POP广告正体字

POP广告正体字主要通过马克笔来书写，笔法是以直线条的形式进行书写。

POP广告正体字的书写要诀如下：

（1）笔画是竖的、横的、斜的，几乎没有圆滑的笔画。要摆脱平常字体的写法，例如平常写的笔画中，撇是有弧度的，但它在POP广告正体字里是没有弧度的（见图3-5）。

（2）满格书写。尽量填满整个方格，笔画向四周扩张，注意笔画的间距（见图3-6）。

（3）空间分配“上松下紧，左窄右宽”（见图3-7）。

（4）出头只出一点。有些字是出头的，如“技、件、牡”等字，只出一点头（见图3-8）。

（5）遇“口”即宽。带口字部的字，“口”就要写大一点，如“奇、启、洽”等字（见图3-9）。

（6）等长效果。相同方向的几个笔画书写时长度应相等。如“三”字要三横写得一样长，像这样的字还有“倩、全、勤”等（见图3-10）。

（7）控制比例。要掌握一个字在四方格中的适当比例，这一点很重要。练字一定要打格子，养成良好的写字习惯，这样熟练后不打格子自然也会写整齐。5mm宽的马克笔适合书写4.5cm×4.5cm框架大小的字，可将框架分为9个格子，按部首比例规范书写（见图3-11）。

图3-5 POP广告正体字范例一

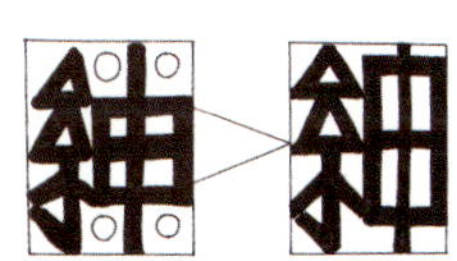

图3-6 POP广告正体字范例二

图3-7 POP广告正体字范例三

图3-8 POP广告正体字范例四

图3-9 POP广告正体字范例五

图3-10 POP广告正体字范例六

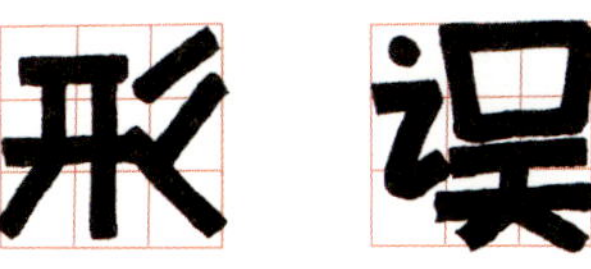

图3-11 POP广告正体字范例七

三、活体字的书写表现

活体字是书写海报时最常用的字体，其形式活泼，可使版面更生动、有趣，适合标题等大字体的书写（见图3-12）。活体字书写没有统一、硬性的规定，并非要求完全书写于四方格中。其写法较自由，在一个字里，有的部首可以缩小，有的笔画可以放大，趣味性强，变化空间很大，但同一POP广告内风格需统一（见图3-13、图3-14）。

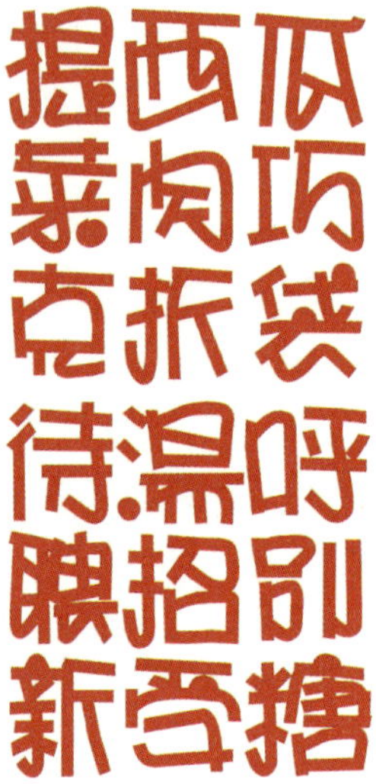

图3-13 POP广告活体字范例一

图3-12 POP广告活体字

图3-14 POP广告活体字范例二

四、变体字的自由设计

变体字是在正体字和活体字基础上进行更大胆的变化，其书写风格略带行书及草书的笔画特征。其编排、写法和活体字相同，唯一不同在于变体字可利用毛笔或水彩笔等软笔工具书写。

在进行独特的创意字体创作时，一定要考虑消费者及观赏者是否容易看懂所写的内容。如果看不懂所变的字体，作品便没有多大的价值，因为通常所做的是商业POP海报作品，而不是书法艺术作品，所以要有一定的实用性（见图3-15）。

图3-15 POP变体字范例

五、字体装饰

（一）字体装饰方法

POP广告字体书写完成后，有必要对其进行装饰。装饰能让字体更具有可观赏性与功能性。成功的字体装饰应是装饰美与设计美的结合。经过精心设计的字体与普通字体的差异在于，前者是根据企业或品牌的个性而设计的，对笔画的形态、粗细，字间的连接与配置，以及统一的造型等，都做了细致、严谨的规划，比后者更美观、更具特色。在设计字体装饰时，必须强调多种手法的灵活运用、相互补充，不可生搬硬套。POP广告字体的装饰方法虽然简单，但效果突出，主要有以下几种：

（1）轮廓装饰（见图3-16）。这是指文字书写完成后，在笔画外围装饰线条，也可理解为勾边。这是POP广告字体装饰最常用的一种手法。通常所选颜色与字体颜色在明暗上有较大差别，一般用黑色笔进行勾画，把字体整个包围起来，使字体效果更加突出。同时还可利用框线的粗细、颜色等改变，赋予字体更多视觉变化。常用的勾边类型有普通描边、开口描边、虚线描边等。

图3-16 轮廓装饰方法

（2）中线装饰（见图3-17）。这是指文字书写完成后，在字体的笔画里描绘线条，即中线，可配合线条的粗细营造出不同的风格。常用的中线有粗线、细线、火柴线、双重线、虚线等形式。颜色较浅的字可直接用黑色油性笔勾画中线，颜色较深的字则可采用修正液来勾画。

修正液是一种非常独特的装饰工具，因其能在任何颜色上直接覆盖，不经意间就可以带来意想不到的效果。在熟练掌握其运笔特性后，便可制作出各种有趣的肌理效果和花纹。

图3-17 中线装饰方法

（3）内部装饰（见图3-18）。由于笔画分割，文字中间会出现封闭的小块，只要在这样的小块当中填上其他鲜艳的颜色即可。

图3-18 内部装饰方法

（4）外部装饰（见图3-19）。这是指文字书写完成后，在笔画外围用艳丽的色彩描边，或结合图案表现，增强修饰性。

图3-19 外部装饰方法

（5）“增肥”装饰（见图3-20）。这种文字也称“胖胖字”，只要将笔画画得粗壮、圆润即可。

图3-20 “增肥”装饰方法

（6）叠压装饰（见图3-21）。这是指将一个文字当中的笔画划分成若干个层次，一般不超过4层，然后在层与层之间画出阴影，增加字体的层次感和立体感。

图3-21 叠压装饰方法

（7）分割装饰（见图3-22）。这是指将原始笔画分割成若干个部分，用直线、曲线、几何图形或不规则图形进行分割，然后在每一部分填上不同的颜色。

图3-22 分割装饰方法

（8）笔画装饰（见图3-23）。这是指将文字中的部分笔画去掉，用具象的图案代替，图案与文字之间应尽量有联系。

图3-23 笔画装饰方法

（9）背景装饰（见图3-24）。这是指在书写文字之前，先涂抹出大面积的色块作为背景，然后在色块上书写文字。

图3-24 背景装饰方法

（10）肌理装饰（见图3-25）。这是指文字书写完成后，在笔画上绘制不同的肌理效果。

图3-25 肌理装饰方法

（二）字体装饰注意事项

1.主标题装饰应用

主标题是POP广告的重心，也是POP广告的“先锋部队”，最能刺激消费者的感知。通常主标题约占整个版面的1/2或1/3（见图3-26），是消费者最先注意的内容。在书写时，应注意以下几点：

（1）主标题字号最大，字数最少。字数不要过多，以2秒内可以阅读完为限。

（2）主标题可以做1～3种装饰。

（3）装饰时勿让字体变得模糊难辨，以免降低阅读性。

2.副标题装饰应用

副标题的装饰能与主标题产生极佳的协调性（见图3-27）。如果主标题无法充分表达说明，或为了使POP广告的内容更加吸引消费者，副标题的补充是必需的，因此副标题具有画龙点睛的效果。在书写时，应注意以下几点：

（1）副标题字号大小仅次于主标题，字数略多。

（2）副标题的装饰方法应尽量不要和主标题装饰重复。

（3）副标题可以做一两种装饰。

（4）装饰时勿让字体变得模糊难辨，以免降低阅读性。

3.说明文字装饰应用

说明文字要配合版面规划，力求简洁，避免杂乱（见图3-28）。说明文字是在POP广告中对内容、诉求目的做充分说明的文字，能够帮助消费者深入了解POP广告的内容。在书写时，应注意以下几点：

（1）说明文字字号最小，应避免语句不顺。

（2）说明文字力求简明扼要。

（3）说明文字可以做1～3种装饰。

（4）字数以在7行以内，每行不超过15个字为宜（条例式说明文字除外）。

（5）装饰时勿让字体变得模糊难辨，以免降低阅读性。

图3-26 主标题装饰应用/学生：莫晓欣

图3-27 副标题装饰应用

图3-28 说明文字装饰应用

六、各种POP广告字体的综合运用

POP广告字体的表现具有灵活性与随机性，在实际的设计中，可以不拘泥于某种固定的规律或要求，往往根据实际环境和策划要求进行变通（见图3-29）。

图3-29 POP广告字体综合运用

任务二　图形插画绘制

对于作为现代营销手段的POP广告来说，图形并不是必需的。现在许多超市里的小型POP广告，往往就是悬挂在货架前或夹插在商品前面，运用简洁、有趣的字体直接引导消费者的消费心理和行为的。尽管这样，图形插画作为POP广告中最为直接而具体的视觉传达手段，其作用和效果仍是不可低估和替代的。

POP广告中的图形插画是直接而具体的视觉形象，能准确表达诉求目标，将信息简洁、明确、清晰地传递给消费者（见图3-30），引起他们的兴趣，努力使他们信服传递的内容并在审美过程中欣然接受宣传的内容，诱导他们采取最终的行动。图形在POP广告中起到了重要的辅助作用，是一种重于文字的表现方式，有“一图胜万言”的说法。其主要功能有：

（1）展示生动、具体的产品和服务形象，直观地传递信息。

（2）激发消费者的兴趣。

（3）增强广告的说服力。

（4）强化商品的感染力，刺激消费者的购买欲望。

POP广告图形的表现手法有摄影、绘画、剪贴、喷绘以及运用计算机进行表现等。现代技术的发展提供了丰富的材料，使POP广告的表现形式和表现手法更加丰富。

图3-30 摄影图片表现

一、手绘插画

插画是运用图案表现的形象，本着审美与实用相统一的原则，应尽量使线条、形态清晰、明快，便于制作。自由形式、写实手法，黑白的、彩色的，运用材料的、照相机拍摄的、计算机制作的，等等，只要能形成图形的，都可运用于插画制作。手绘插画的创作表现可以是具象的，也可以是抽象的，创作的自由度极高。

想画好POP广告插画，首先，应该掌握POP广告插画的特性——POP广告插画需为宣传主题服务。因此在创作POP广告作品时，一定要有图文并重及追求作品整体效果最大化的观念，不能重图轻文或重文轻图。其次，要考虑成本、时间能否允许大量复制等问题，一定要在成本和时间允许的范围内选择插画的表现方式与材料，以免徒劳无功。

手绘插画的表现风格可分为写实、具象、漫画三类。

（一）写实类

在POP广告设计中，写实风格的图形通过具体的形象让消费者认识商品，引起消费者情感上的共鸣，从而产生购买该商品的欲望。设计师可以利用写实型摄影作品的原型，经过设计取舍后，结合广告主题重新创作。写实类手绘插画制作精致，但费时、成本高（见图3-31）。

（二）具象类

具象类插画对写实类插画进行了简化，在图形的表现上省略了细节元素，强调形，由线条、色块组成，类似剪影的外观（见图3-32）。部分造型可改变物体的自然形态，营造一种夸张的效果，从而在视觉上产生冲击力。

（三）漫画类

POP广告设计中采用漫画形式表现商品，能给人轻松、幽默的感觉。漫画图形活泼、轻松的风格具有绝佳的亲和力，看后使人回味无穷。写实类的漫画形象贴近主题，视觉冲击力较强，大多用于画面要求比较高的领域；Q版漫画多采用夸张、比喻、象征等表现手法，以讽刺、幽默见长（见图3-33、图3-34）。

图3-32 具象插画表现

图3-31 写实插画表现

图3-33 漫画表现①

图3-34 漫画表现②

二、计算机绘制

在信息技术快速发展的今天，计算机绘图技术已相当成熟，像Illustrator、Photoshop、Painter等绘图软件，为绘图及图像处理带来了便捷。Illustrator是矢量绘图软件，Photoshop是点阵式的，而Painter则可以模仿手绘笔调。根据需要，适当选择不同风格的计算机绘制效果，可为POP广告带来丰富、多元化的视觉表现（见图3-35、图3-36）。

图3-35 计算机绘制插画①

图3-36 计算机绘制插画②

三、剪贴拼图

剪贴拼图是指利用具有平面特征的材料或自然物体为原料，如树叶、纸张、布面等，发挥想象力，自由构图，通过剪切和粘贴，创作出的各种包含动物、人物、场景等充满童真趣味的图画（见图3-37）。

图3-37 剪贴拼图

四、书籍复印

书籍复印是指将参考书籍中合适的图形直接进行复印，通常选择以线条表现的图片，可放大或缩小图形，再在此基础上添加色彩或装饰图案，是一种相对快捷的手法，但缺乏个性（见图3-38）。

图3-38 书籍复印图像

五、肌理拓印

拓印的工具范围很广泛，如树叶、硬币等，都可作为工具来使用（见图3-39）。肌理拓印一般用于书签或立体POP广告的制作。

六、转印

转印是指将激光打印机硒鼓面上所形成的墨粉图像转移到打印纸上的过程；而在POP广告图形绘制中，是指将激光打印机打印出的图像转移到POP广告物上的过程（见图3-40）。该方法需要借助化学材料甲苯或二甲苯。其制作步骤如下：

（1）准备好要打印的图片。

（2）将图片通过计算机软件作镜像处理后，用激光打印机打印在普通的打印纸上。

（3）在POP广告物上涂抹二甲苯，把需转印的图片反过来按在它上面。建议涂抹二甲苯前先涂一层502胶水。

（4）等待15～30秒钟。可依据不同的材料及二甲苯浓度选择最佳的时间。

（5）揭开打印纸即可。

图3-39 肌理拓印作品

图3-40 转印作品

图3-41 立体折纸作品①/学生：黄淑仪

七、立体折纸

折纸又称“工艺折纸”，是一种以纸张折成各种不同形状的艺术活动，多数要求用一张无损坏的正方形纸张折出作品。折纸发源于中国，在日本得到发展。它能锻炼人的综合协调能力，包括手、眼和大脑。折纸不只是儿童的游戏，也是一种有益身心、开发智力和思维的活动。折纸图形多用于贺卡或者立体POP广告台卡的制作（见图3-41、图3-42）。

图3-42 立体折纸作品②

任务三 装饰图案

应用于手绘POP广告的装饰图案大致分为3种：几何图形、图案底纹和边框装饰。装饰图案对维持版面的平衡、凝聚视觉的重心、增加画面的活泼性等有着重要作用。装饰图案不能太过抢眼，以选择浅色为宜，避免喧宾夺主。装饰图案绘制以简单为宜，不需要花费过多的时间。

一、几何图形

圆形、直线、三角形和梯形都是几何图形，常应用于正文的开头（见图3-43），起到引导性作用，在文字结束的地方也可以添加一些小图案。

二、图案底纹

底纹可以是插图或线框，也可以是大面积的背景颜色，在颜色选择上不宜过深，以免影响阅读（见图3-44、图3-45）。

三、边框装饰

边框在POP广告中是不可缺少的，具有凝聚画面、装饰画面等作用。颜色强烈的粗框虽能衬托主题，但有喧情境演练3宾夺主之势，反而会影响消费者对内容的阅读。因此在绘制边框时，以视觉上柔和为宜（见图3-46）。

图3-43 圆形装饰图案

图3-44 底纹装饰①

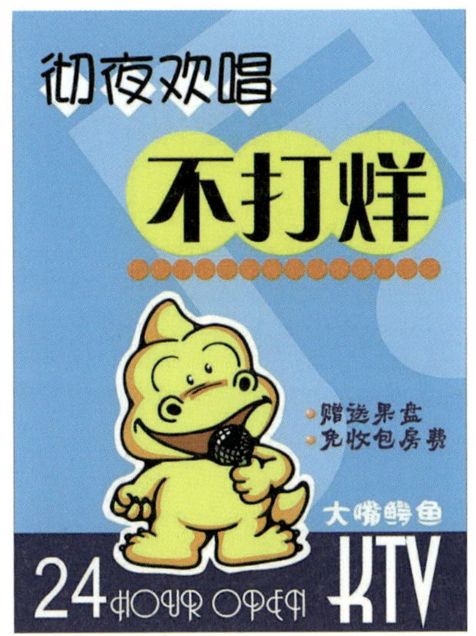

图3-45 底纹装饰②

图3-46 边框装饰

情境演练3

POP 广告字体练习与插画设计

• 任务描述

一、练习书写正体字、活体字和各种变体字

要求：

（1）总计3张，大小为4开的白纸。

（2）在白纸上画好正方形的格子（细线），每个格子大小为4.5cm×4.5cm。

二、绘制不同风格的插画

要求：

（1）插画主题不限，最好能观察生活，将生活中的形象进行提炼、加工，具有POP广告插画意味。

（2）可使用不同绘画工具，以一种工具表现为主。

• 实训目标

学习目标：掌握POP广告字体的书写规律和设计方法，掌握插图绘画的制作方法和装饰手法。

能力目标：能够独立设计和手绘POP广告字体和插画。

思政目标：提升审美意识，激发创新精神，培养注重细节、精益求精的工匠精神。

• 任务展开

（1）练习书写正体字、活体字和各种变体字时，注意分析每一种字体的具体特征及笔画规律，不易掌握的笔画要多加练习。

（2）在插画设计中进行夸张变形处理时，应以美观、可爱、亲切为前提，避免制造一些恐怖、血腥、让人反感的画面。

• 考核重点

能判别POP广告字体的书写特点及设计形式，并能熟练运用。

学生作品如图3-47至图3-54所示。

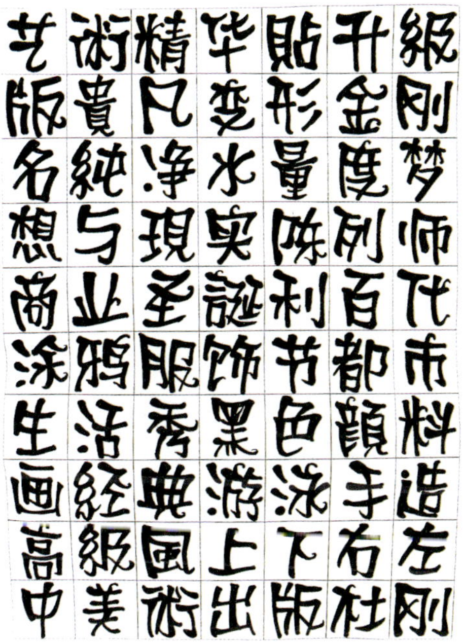

图3-47　学生作品①/陈丹媛

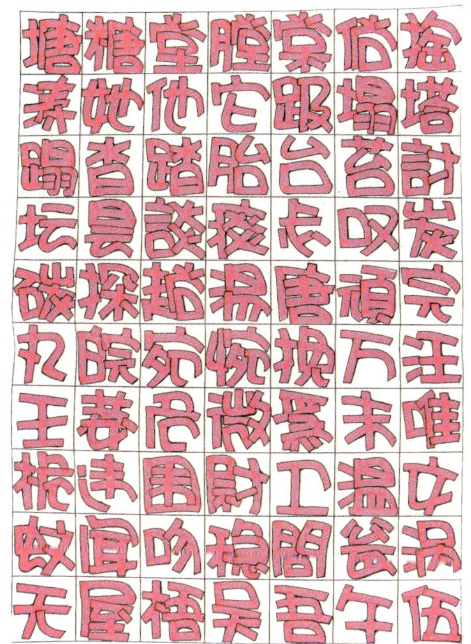

图3-48　学生作品②/陈丹媛

图3-49　学生作品③/陈丹媛

图3-50 学生作品④/纪淑华

图3-51 学生作品⑤/陈丹媛

图3-52 学生作品⑥/陈丹媛

图3-53 学生作品⑦/温华歆

图3-54 学生作品⑧/陈丹媛

项目四

掌握 POP 广告设计整合运用策略

【学习目标】

了解POP广告设计整合运用与整合营销、展示设计的相关理论知识，懂得POP广告与市场营销、视觉构成的关系，掌握POP广告与海报（招贴）、包装设计整合运用的基本方法，认识POP广告策划理论和实施整体POP广告设计与制作的步骤和流程，学会将本章所学的理论知识用于海报POP广告设计实训中。

任务一　了解整合营销的POP广告策略

POP广告策略是广告整合营销传播的组成部分之一。消费者可以通过各种POP广告的信息传达方式获得信息，可经由各种各样的POP广告媒体接受各种形式、不同来源的信息。因此，POP广告策略必须对各种店内，甚至店外的传播媒介进行整合运用。许多大型专业电器商城、超市以及大型购物中心等，都使用视觉识别（VI）系统、招牌、橱窗、展示与陈列、电子屏幕的影音（视频）广告、广播（声响）广告、室内或户外灯箱、平面招贴、促销杂志或产品目录、礼品广告、装饰电子广告、动态式模型广告、霓虹灯（或LED）广告，甚至真人广告等多种媒体来传达广告信息。这些店内外的广告媒体几乎已经涉及所有广告领域，而其中大多数和POP广告有着不可分割的重叠、交叉和互融的关系，你中有我，我中有你，互相包含，所以很难把它们与POP广告做严格的范畴划分和区别（见图4-1至图4-4）。

图4-1 购物中心户外节庆装置展示POP广告

图4-2 促销现场展示POP广告

图4-3 促销活动现场展示POP广告（柜台与广告伞）

图4-4 促销活动现场展示POP广告（柜台与悬吊组合）

一、POP广告——整体广告策略的终端体现

现代社会信息的特点之一是图文并茂的传播方式。消费者在铺天盖地的广告信息面前，只能选取零散的、模糊的信息。一项消费者的心理调查显示，对一个一致的品牌信息必须接触多次，才能构成记忆留存；只有不间断地接触这一信息，才能构成品牌忠诚。因此，整合营销传播的广告策略是由“一个声音”的广告内容和永不间断的广告投放两个要素构成的。世界名牌广告所传递的广告内容一定是经过整合的、一致的，而且广告的数量不会随着名牌的树立而减少。POP广告往往就处于这一系列需要整合的、一致的广告媒体行为的最终端。

二、制定符合整合营销计划的POP 广告策略的注意事项

（1）要仔细研究产品。即明确这种产品能满足消费者哪方面的需要，有何独特的卖点。

（2）锁定目标消费者。即确定什么样的消费者才是销售目标，做到“有的放矢”。

（3）比较竞争品牌。即比较竞争品牌的优势以及市场形象。

（4）树立自己品牌的个性。即研究自己的品牌树立什么样的个性才会受到消费者的青睐。

（5）明确消费者的购买诱因以及为什么会进行品牌的尝试。

（6）强化说服力。必须加强广告的说服力，通过将内容和形式较好地结合说服消费者。

（7）旗帜鲜明的广告口号。这是在众多消费者中引起注意的捷径。

（8）对各种形式的广告进行整合。对电视广告、广播广告、平面广告、DM广告、POP广告进行一元化整合，以达成消费者最大限度的认知。

（9）研究消费者的接触形式并确定投放方式。要研究消费者是如何接触到自己的广告的，如何增加消费者的接触次数，以形成品牌认知。

（10）对广告效果进行评估。即对广告的效果进行量化评估，为下次广告投放提供科学依据。整合营销传播的核心是使消费者对品牌产生信任，并且要不断维系这种信任，与消费者建立良好的信任关系，使其长久留在消费者心中。

任务二　熟悉 POP 广告与展示设计的整合

POP广告自诞生以来，就与展示设计成为密不可分的融合体。POP广告可以说是介于空间展示和广告之间的媒体，因为它具有其他媒体所缺乏的高度弹性，能适应各种场合（见图4-5至图4-8）。

图4-5 利用购物中心玻璃门进行宣传的POP广告

图4-6 大型商场中庭品牌定制POP广告的组合应用

一、POP广告成品的陈列

（一）依照设置场所的不同划分

（1）店头展示。如直立广告牌及广告帆布。

（2）天花板垂吊展示。如布旗、吊牌等。

（3）橱窗展示。将全国或连锁的店面形象加以统一。

（4）地面展示。站立于店铺门前的象征造型物或展示架，如“麦当劳叔叔”等人物造型。

（5）壁面展示。如海报板、告示牌等装饰物。

（6）柜台展示。附在陈列架上的小型展示物，如价格卡等。

图4-7 商业中心某汽车专卖店展示陈列POP广告

图4-8 地下商业中心宣传促销的POP广告运用

（二）依照使用时间的长短划分

（1）短期性。短期性陈列是为了配合促销活动的，设计时可采用成本低廉、更换容易的材质。

（2）长期性。长期性陈列运用于橱窗或陈列架，相对于短期性陈列，较具耐久性。

（三）依照POP广告的不同促销机能划分

（1）新上市产品POP广告。该类POP广告强调对消费者的密集信息传输。

（2）季节性商品POP广告。该类POP广告的主要作用为营造不同的季节气氛。

（3）赠品促销POP广告。将赠品直接以实物展示，或以立体方式将赠品内容表达出来。

（4）表演促销POP广告。通过工作人员的实际操作、演练来促销。

（5）大量陈列POP广告。将大量商品堆积，配合设计，运用装饰、色彩及造型凸显视觉效果。

（6）统一展示POP广告。在店头运用统一设计的橱柜营造声势。钟表、化妆品店较常采用这种方法。

（7）空间悬挂式POP广告。最适合空间狭小的店铺使用，设计时须考虑质轻、取挂容易、造型单纯及色彩鲜明等原则。

二、POP广告展示设计的重点

（1）把想积极推销的商品陈列在黄金区域（离地面70～130cm处）。

（2）将较重、较大的商品陈列在下层，较轻、较小者放置在上层。

（3）避免颜色一样的商品陈列在一起。

（4）拍卖品可以用堆叠的方式陈列，以引起顾客注意。

（5）节庆时使用的商品或想促销的主要商品必须进行大量展示，以加深顾客印象。

三、POP广告展示设计应符合人体工学

符合人体工学的POP广告展示设计重点如下（见图4-9）。

（1）按人体工学规律中顾客目视的高度，单品大量陈列的基本高度中心一般为离地140cm左右。

（2）依商品的陈列决定POP广告的尺寸。

（3）商品使用方法的介绍。

（4）POP广告与商品的结合。

（5）有没有脏乱、过期的POP广告。

（6）地板平整，与天花板的距离为260cm以上。

（7）样品陈列区域的高度为离地210～250cm。

（8）装饰陈列区域的高度为离地180～210cm。

（9）按人体工学的规律，顾客手能达到区域的高度为离地180cm左右。

（10）次有效陈列框区域高度为离地180cm左右，与顾客手能达到区域的高度相当。

（11）密度高的陈列区域高度为离地170～180cm。

（12）人体上部（伸手往上方）次有效活动空间区域高度为离地150～170cm。

（13）人体（手平伸）最有效活动空间区域高度为离地125～150cm。

（14）人体下部（伸手往下方）次有效活动空间区域高度为离地85～125cm。

（15）高频度商品区域高度为离地60～85cm。

（16）低频度商品区域高度为离地40～60cm。

（17）储藏框空间区域高度为离地20～40cm。

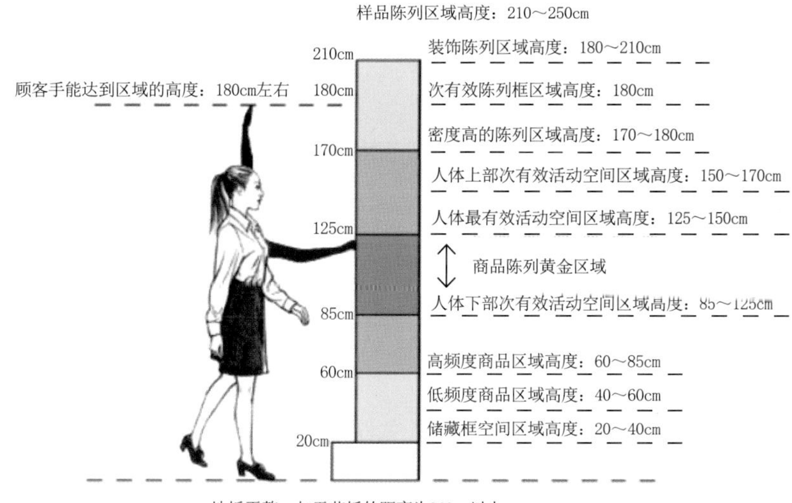

图4-9 符合人体工学的POP广告展示设计重点示意图

四、POP广告展示活动的直接效益

（一）提升知名度

POP广告展示活动可让商品与消费者直接接触，使消费者更了解商品的特性与作用，对商品或服务有更深刻的认知，从而提升企业形象及品牌知名度。

（二）强化信赖

POP广告展示活动可将企业或团体的经营理念、规模、成果及贡献让社会大众所了解，使消费者借着亲身的体验而有所认知，增进对企业或团体的信赖与支持。

（三）产生偏好

POP广告展示活动可针对诉求对象做直接的说明及表演，带动社会风气与潮流，使社会大众在无形中对商品产生偏好。

（四）达成整体广告效果

POP广告展示活动可创造新闻与舆论的焦点，使各种媒体争相报道，并结合公关活动，达到传播整体的效果。

五、POP广告展示对销售场所营业额的影响

根据日本大荣超市所做的一项调查，POP广告对营业额的影响包括如下几种。

（1）端架的陈列、定点的陈列有POP广告时（如特价品、新产品、推荐品）可增加营业额5%。

（2）具体的商品促销（如打7折或8折），可增加营业额23%。

（3）大量陈列的商品，如果有POP广告，可增加营业额42%。

（4）大量陈列的商品如果2周都没有替换时，会减少营业额47%（大量陈列商品期限为1周）。倘若做3周，营业额至少会减少74%。

六、POP广告展示中有效的促销方式

（一）吸引人潮的展示

1.招牌

在商品竞争激烈的市场上，招牌的设计有大型化、娱乐化、醒目化的趋势，如“木船”民歌西餐厅等利用招牌作为吸引顾客的第一步。

2.海报

海报本来是指在面向街头的建筑物壁面上所特设的广告板和张贴在一定区域内的印刷品，在平面设计领域里占有极为重要的地位。

海报有触发购买动机的功能，如果店面空间许可，可将其张贴、悬挂或放置于店面内外。

3.电动POP广告

电动POP广告可以说是店面营销的重要武器，因为它能抓住顾客的视线，促进他们的购买行为。由于成本较高，所以它的创意必须考究，在设计上不仅要能达到注目的效果，而且须具备实用功能及附加价值。

因为设计者本身未必精于电子装置原理，所以须先将电动POP广告的构造设计好，并做合理调整、组合与装配，将所设计的动作具体化。

（二）吸引客人入门的绝招

1.利用香味

某国际香料公司的制造部门将各种人工香料装于罐中，作为商品来销售。其设置有定时装置，每隔一段时间就把香味喷向零售店内，以吸引顾客上门。据调查，这种以香味吸引顾客上门的做法，效果奇佳。无独有偶，在1915年巴拿马万国博览会上，茅台酒中国代表佯装失手摔坏了一瓶茅台酒，顿时酒香四溢，使评委们一下子被吸引住了。经反复品尝后，评委们一致认定茅台酒是世界上最好的白酒。自此，茅台酒一举成名且跻身世界名酒行列。

2.利用音乐

据研究调查显示，有70%的人喜欢在播放音乐的超级市场内购物，但并非所有音乐均有此效果。调查结果显示，柔和而节拍慢的音乐在超级市场播放时，能使销售额增加40%；但节奏快的音乐反而会使顾客在店里流连的时间缩短且购买的物品减少。在每天快打烊时，超级市场可播放快节奏的音乐，以促使顾客尽早离开。

七、避免滥用POP广告

有些生产商雇用专人到各商店悬挂、张贴POP广告，教导使用方法，并定期巡回，检查POP广告的受损度和使用度。当一件POP广告作品完成任务后（即在广告活动结束之后），也

会有专人将其收回，以免增加商店处理上的麻烦并减少环境污染。因为有些塑料POP广告如果处理不当，就会造成环境污染。

任务三 POP 广告与市场营销的关系

商品销路与POP广告关系密切，因为POP广告可以制造良好的店内气氛。近年来，消费者对音乐、色彩、形状、文字、图案等，越来越表现出浓厚的兴趣。厂商推销员如果具备POP广告方面的知识，就可以在拜访零售店时，为零售店提供建议，并给予实际的帮助。

一、POP广告——商场销售中的制胜法宝

由于超级市场的出现，顾客可以和商品直接接触，大大减少了售货员数量，节约了商场空间。这不仅加快了商品流通的速度，而且缩减了商业成本，促进了商品经济的繁荣。

（一）POP广告在商场销售中的作用与优势

在当今商品经济竞争中，同类商品中商品的质量问题已不是企业竞争与产品销售的决定因素。如今已是“酒香也怕巷子深”的商业广告竞争时代。POP广告作为商品销售最终端的广告形式，有着其他广告形式所没有的时效性，是一种极为有效的促销形式。它以多种手段将各种商品传播媒体的集成效果浓缩在销售现场中，主要表现在以下几个方面。

（1）商品的宣传与促销。POP广告是对报刊、电视、广播等其他媒体中的广告的有力补充，以相对固定的信息宣传方式唤起顾客已经淡忘的、由大众传播媒体输入的商品信息。POP广告的表现风格、形式手段、制作工艺、材料丰富多样，画面新颖、别致，色彩艳丽多姿，与商品陈列、橱窗、商场装饰融为一体，利用产品销售“事件”的趣味性和亲切宜人的和谐气氛引起顾客入店参观的兴趣。

（2）取代推销员，传达商品信息。商场内的各种POP广告传达着商品的信息，刻画商品的个性。在卖场中，当消费者面对诸多商品而无从下手时，摆放在商品周围的POP广告会不断地向消费者提供商品信息，促使消费者进行购买，而且它们不会轻易“擅离职守”。

（3）塑造卖场形象，与顾客保持良好的关系。POP广告通过商场形象的应用要素并配合大众媒体广告，能充分展现商场的经营理念，并对顾客做出真诚的承诺，使顾客对本店产生信赖。借助POP广告，商场可以与顾客进行无声的交流，并给顾客留下一个美好的印象。从某种意义上讲，POP广告既是卖场形象，又是商场文化的一面镜子。

（二）现阶段商场POP广告设计存在的问题

目前，我国零售企业的POP广告大多是由非专业的POP广告设计制作人员手绘完成的。这样的制作队伍势必造成手绘效率低、形式单调、促销实效性差，缺乏对顾客的吸引力，甚至简陋、粗劣，在使用过程中与商品陈列、店面环境不协调，给商品销售带来极大的负面效果。

POP广告的粗制滥造情况在连锁超市中较为常见：不太讲究质量，绘制较随意，文字胡乱涂写或过多使用而不加推敲，色彩使用过度，过于强调装饰性，严重削弱了消费者对POP广告内容的认知，也严重影响了商场的形象。

另一个问题是POP广告应用中过度追求“唯美性”。我国商业企业中相当一部分从事广告设计的人员都是从事过其他美术工作后转型过来的，因此在制作POP广告时有时会追求纯艺术化的美，而忽视了POP广告的最终目的——促销。

（三）商业促销和发展对POP广告设计者的要求

商业促销和发展对POP广告设计者的要求如下：

（1）要求艺术价值与商业价值相结合，建设创作队伍。商场POP广告设计有着鲜明的商业应用性，这是它和纯艺术的本质区别。这一特点明确了POP广告的设计人员及创作队伍要具备的两种素质：一是一定的市场运作、营销素质，二是艺术审美与艺术创作能力。所设计的POP广告要经得起时代审美、情感价值、技艺特征的验证，并在符合商业属性、营销原则、市场运行需要的前提下以艺术美的形式表现出来。

（2）要求手绘技艺与科技相结合，完善并改进POP广告制作方式。商场POP广告的制作在现阶段是手绘与机制相结合的，两者之间不是取代和被取代的关系。手绘技艺与现代科技的结合势必会成就更具活力的POP广告。

（3）要求构建现代的、具有鲜明民族特色的POP广告设计风格。现阶段我国POP广告的风格在一定程度上借鉴于日本、韩国，对现代的、具有鲜明中国特色的设计风格的研究与探索仍处于起步阶段，要不断补充、完善、提高、挖掘民族艺术形式（民间绘画、剪纸等）并加以利用，必须构建起具有鲜明民族特点和中国特色的POP广告设计创作之路。

二、体育用品零售店中的POP广告运用

任何产品都是基于某种生活方式而存在的。优秀的产品能够创造一种生活方式。卓越的品牌代表了一种生活方式，象征着文化，传递着情感，体现着品质，能够长期引领消费者的消费观念。

下面以体育用品零售店为例，介绍POP广告的运用。

随着社会经济的进一步发展，传统的体育用品零售渠道已经不能很好地满足当前整个行业发展的需要。当前我国的体育用品零售渠道仍然以传统的实体渠道为主，整个渠道的网络化程度偏低，科学技术含量也不足。据相关数据显示，2019年，中国体育用品零售行业营业收入为241亿元，同比下降2.1%。但从体育用品消费者的角度而言，自身的身体健康与生活质量受到越来越多的重视。

（一）体育用品零售店的问题分析

1.外表亮丽，终端无力

各体育用品零售店装修都极为漂亮，产品也极为丰富。但是各品牌零售店几乎都是一个面孔，最多是陈列方式和次序有所区别，终端销售乏力，各品牌同质化严重，并且慢慢和一些休闲品牌“近亲化”。

2.品牌定位模糊化的趋向愈发明显

体育用品生产企业的品牌形象是产品的附加值，也是市场对企业的概括性印象，能够直接决定企业在所处环境中的地位及影响力。运动城这种“店中店”形式的体育用品零售店更像一种百货业态，这种零售模式的好处在于创造了一种集合的效应，使得消费者在一个固定的区域内有更多的选择。而其劣势就是在没有固定品牌认知的条件下，消费者有更多的选择，只要价格和款式有所变化，消费者随时可以改变消费意向。

3.POP广告几乎全部以新品告知和促销为主

体育用品零售店的POP广告，80%的作用是促销，20%的作用是介绍新品。这说明大多数体育用品的品牌运营尚处于初级阶段，远远无法体现品牌独有的个性和所代表的生活方式。

受时间和场地所限，能够经常运动和休闲成为很多人奢望的一种生活方式。据观察发现，真正的体育用品消费者中有60%～70%是把这些运动品牌的服装穿在日常生活中的，希望通过穿着运动服装满足自己内心渴望的生活方式。那么体育用品零售店应该是什么样的面貌呢？应该卖什么呢？把问题从产品功能绕过去，想一想，消费体育用品的顾客在运动场之外的生活方式是什么样的？如何展现所对应的生活场景以使人充满向往与期待？例如，我们可以不说登山，而是用雪山下的帐篷、幽蓝的湖水、抛起的鱼竿等场景来描述一种户外生活方式，以对应户外运动装备，而这些仅仅需要一些图片即可。

营销的最终目的是创造一种新的生活方式，品牌的至高境界是代表一种生活方式。体育用品可以通过生活方式营销来赋予品牌个性和内涵。生活场景的展现能够最大限度地唤醒消费者心目中对某种生活方式的向往和追求，甚至能够超越代言人的感召力，赋予运动品牌以精神动力。

（二）体育用品零售店的POP广告营销方式

体育用品零售店的POP广告应该围绕生活方式来展开营销，吸引消费者。

（1）试衣间可以用四面的POP广告表现不同的生活场景，衬托出顾客所希望的效果。可根据不同的时令推出不同的、极具诱惑力的生活场景来吸引顾客，帮助顾客做出购买决定。

（2）设定几个主题，划分几个专门的展区。不同的季节、主题、场景，对应不同的产品，如春季的油菜花田，夏季的海滩、雪山那份清凉的感觉，秋季的硕果和那一抹金黄，冬季的白雪和滑雪场。其促销效果会大大超过简单的打折促销。

（3）反复传播品牌广告语。“一切皆有可能”这句口号是李宁品牌在多年积累和完善后的结晶。从最早的“中国新一代的希望”到“把精彩留给自己”“我运动我存在”“运动之美世界共享”“出色，源自本色”，再到“一切皆有可能”，李宁品牌逐步积淀出自身独有的内涵。体育用品零售店可以策划××主题的“生活方式活动月”，在活动时开展广告促销及多种宣传，并围绕这一生活方式进行产品的创新，进而延伸到多种运动和休闲的生活方式产品。

零售店是品牌演绎的地面舞台，是与消费者最近距离接触的商业场所。如果消费者从中感受不到生活方式，那么如何来说服他们购买商品呢？在多极化传播的网络时代，生活方式营销将成为最有力的营销手段之一（见图4-10至图4-13）。

图4-10 体育休闲服装专卖店的橱窗POP广告①

图4-11 体育休闲服装专卖店的橱窗POP广告②

图4-12 体育休闲服装专卖店的橱窗POP广告③

图4-13 体育用品零售店的联名宣传橱窗POP广告

任务四　POP广告与视觉构成的关系

视觉构成中最直观的是文字内容及色彩运用。POP广告文案所使用的字体，单就印刷体而言，就有数百种，如果包括手写字体的话，其中所变化出的字体种类就更是无穷无尽、难以估量。而且这些手写字体都具有自己的风格与情感特征，所以必须依商品形象与诉求内容来区分使用。

成功的POP广告绝不是光靠以往的经验或设计理念就能形成的，而是要集合众人的创意与意志的表现才能形成（见图4-14、图4-15）。POP广告根据用途主要有演出用的形象POP广告和商品说明用的说明性POP广告等。对超市而言，最常用的是说明性POP广告。

图4-14 多种字体组合的招牌式POP广告

图4-15 文字与色彩合理搭配的招贴POP广告

一、文字与色彩的关系

一般以视觉为诉求的POP广告都必须靠文案和色彩来展现其独特的魅力。与文案相同的一点是，色彩与图案也同样具有不同的感情表达，运用时要经过仔细评估与分析，才能达到较好的效果。

据调查，有效利用POP广告的色彩、文字、设计、尺寸及张贴数量等，能明显改变卖场的气氛并激发消费者的购买动机，从而使营业状况更佳。这个结论证明，销售时如果采取气氛热烈的卖场布置，会比温和的表现方式更有帮助。

二、POP广告的色彩运用效果

（一）色彩在POP广告设计中的作用

1.视觉的引诱与导向作用

商业环境的主色系，各区域的标志色、道具色、商品色等各个部分的普遍运用和综合性的统一，对整个商业环境都能起到良好的指示与诱导作用。

2.产生良好的视觉效果

通过商品色彩之间的对比、背景和商品之间的反衬、色光的烘托，商品在顾客眼里获得了特定的、良好的视觉效果。另外，商品按照一定的色彩关系分组陈列，可以给顾客舒适的观感，让顾客在观看商品的同时产生购物的兴趣。一般而言，餐饮业应多采用暖色系，可以增强人的食欲并给人美味的感觉；化妆品陈列应多采用淡色系或亮色系，以提高商品的明视度。

3.特定的视觉心理、情绪以及POP广告的情调与氛围

在消费购物环境里，顾客往往会被琳琅满目的新商品所诱惑，产生强烈的购买冲动。不同类型的POP广告设计包括不同的情调与氛围。尽管玩具店与餐饮店的设计色彩都倾向于令人兴奋的暖色系，但两者仍有不少差异，特别是在色彩氛围上。前者重想象力与情趣，后者重洁净与温馨。这种销售环境和商品个性的色彩基调，能很快作用于人的心理，并且能够直接影响POP广告的促销效果。

4.装饰和审美作用

令人赏心悦目的色彩，统一、和谐的色调，富有韵律感、节奏感的色彩组合序列，不仅能美化POP广告设计，而且能美化商业环境（见图4-16、图4-17）。

图4-16 庆典氛围色彩的悬吊条幅

图4-17 冲击力强、色彩鲜明的海报POP广告

（二）POP广告中色彩的设计与应用

POP广告通过将不同色相、明度、纯度的色彩有机结合而构成美的视觉形象吸引消费者的注意力，达到引导消费的目的。

在POP广告设计中，色彩设计占有很重要的位置。POP广告优秀的色彩能在销售环境中发挥特殊的作用。在进行POP广告色彩的设计时应注意以下几点：

（1）从整体出发，色彩不宜过多，以免花哨。

（2）选择最接近商品外包装的色彩。

（3）色彩对比强烈，在环境中寻求醒目。

（4）按季节变换色彩，这是永远留住顾客的秘诀。

（5）从行业上把握色彩的应用，不同的行业有不同的色彩倾向。

任务五　POP 广告与海报的整合运用

一、海报POP广告的含义和作用

虽然POP广告包含商店建筑内外所有能帮助促销的广告物，或者是提供有关商品情报、服务、指示、引导等的标志，但一提起POP广告，恐怕人们最先想到的就是海报POP广告。

首先要弄清海报与海报POP广告的关系。海报又名“招贴”或“宣传画”，属于户外广告。海报一般分布在各街道、影剧院、展览会、商业闹市区、车站、码头、公园等公共场所，国外也称之为“瞬间的街头艺术”，范围比较广。而海报POP广告则专指销售场所附近、商场内外一切具有提供有关商品情报、服务、指示、引导等作用的标示性招贴；除此之外，还包括其他在零售店面内外能帮助促销的粘贴、悬挂或内置于灯箱等其他附属物的所有平面广告物，以及悬挂着的横幅、竖幅标语等。

其次，海报POP广告应用最多的地方是超市卖场及各类零售终端专卖店等场所。引人注目的商品橱窗、色彩鲜艳的广告塔和指示牌将提供商品信息并引导受众进入商店。在销售场所内，海报POP广告也同样起着传达销售信息、介绍商品特点、吸引消费者眼球、介绍商品类别和区域、指引消费者选购路线等多种广告宣传作用，所以它被称为“最贴心的传播者”。

海报POP广告之中最令人注目的是手绘POP海报。手绘POP海报由早期十分简单、不重视美观、仅告知信息的文字POP广告演变而来。手绘POP海报吸纳了大量的图案及素材，色彩丰富，吸引人的目光（见图4-18、图4-19）。而且除了在商业上应用外，校园内也逐渐流行起海报绘制的工作，凡是社团活动、学生会活动、校际活动的宣传，无不利用最简单的工具来绘制出丰富多彩的海报。

二、海报POP广告设计的注意要素

在销售场所内外，运用海报整合POP系列广告，要注意发挥海报画面大、内容广泛、艺术表现力丰富、远视效果强烈等特点，设计中主要关注以下几个要素：

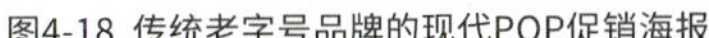
图4-18 传统老字号品牌的现代POP促销海报

图4-19 季节促销活动POP海报

（1）画幅要大。海报POP广告受到周围环境和各种因素的干扰，所以必须以大画面及突出的形象和色彩展现在人们面前。其画面有全开、对开、长三开及特大画面（8张全开）等。

（2）需达到“远视强”的视觉提醒效果。海报POP广告以突出的商标、标志、标题、图形与对比强烈的色彩，或大面积空白、简练的视觉流程而成为视觉焦点。

（3）用艺术感染力提高广告诉求力度。商业性的商品海报以具有艺术表现力的摄影、造型写实的绘画和漫画形式表现较多，带给消费者真实的画面和幽默的感受；非商业性的海报，内容广泛，形式多样，艺术表现力丰富，特别是文化艺术类海报，设计者可根据主题充分发挥想象力，尽情施展艺术手段。

作为整个POP广告宣传空间中的重要角色，海报POP广告是除立体POP广告之外的POP广告体系中一个很大的分支，在商业环境场所的运用中讲究宣传的整体性，具有强大的诉求效果和感染力，能给人留下深刻的印象。

在特定的设计构思中，海报POP广告还可以和立体POP广告组合成某种立体形态。海报POP广告不仅具有形、色、构图、体积等，还可以运用声、电、科技等其他手段，呈现更丰富、优美、有趣的面貌，以吸引顾客，引发顾客的购买欲望。

任务六 POP广告与包装的整合运用

一、包装POP广告的含义与作用

POP广告的形式和种类可以说无所不包，并且还不时在现有形式之外出现新形式，如包装POP广告就是POP广告庞大阵容中的一员新兵。包装POP广告是一种广告式商品销售包装，即将包装作为广告展示来设计的一种POP广告，也可称为“广告式包装”。它多陈列于商品销售点，是有效的现场广告手段。

包装POP广告一般利用商品包装盒盖或盒身部分进行特定结构形式的视觉传达设计。它是将包装功能与广告宣传功能结合在一起的一种特殊广告形式。它的一般形式为将放置于柜台上的完整商品包装打开，通过预先设置的结构形式展示商品和广告内容，以代替柜台式POP广告。

这种包装形式最早起源于欧美，近几年开始在中国、日本，以及东南亚一些国家兴起。包装POP广告这一独特、新颖、快捷、便利的广告形式越来越风靡，商业企业纷纷采用这一别开生面的促销手段积极开拓市场。目前，国内外包装POP广告已发展到食品、玩具、文体用品、化妆品、医药用品、纺织品、五金产品、日用品、实用电器等领域。可见，这种POP广告形式的发展潜力是非常大的。它不需要借助其他媒体，如电视、报刊、路牌、灯箱等形式进行宣传，而是直接在销售点通过包装自身的“广告牌”的宣传形式，把商品内容、特征、优点一一展示出来，直接把商品真实、直观地介绍给消费者。

包装POP广告对于在陈列柜里展出销售的零售商品来说，是一种传统的、必不可少的、安全且低成本的方式。值得注意的是，广告式包装直接用于销售点，较注重现场心理感观。POP广告以建立消费者对商品的喜爱及兴趣，消除消费者对商品的厌恶、烦恼为目标，着重宣传商品的特色，宣传与竞争产品的不同之处，一般附有图示、价格说明或优惠券，使消费者在购物时得到额外的收获（如大减价、赠品、抽奖）。在做此类设计时，首先要醒目，画面要富于装饰性、富有动感，使消费者一看就对产品及商标留下强烈印象；其次要陈列方便，富有趣味性，同时简明表达产品的特点、优点、用途及使用方法，引起消费者的购买兴趣。

综上所述，包装POP广告本质上是一种包装，但又起到广告的作用，是两者的结合形式。从包装的角度来说，它是一种宣传力度较强、较能够激发购买兴趣的包装形式与促销手段。从广告方面来说，包装POP广告是一种比较有局限性的宣传，至少它的有效作用范围是比较小的。这就决定了两点：第一，它的所设区域成为成功的关键；第二，在顾及成本的同时，广告的宣传力度是否足够，成为能否吸引消费者的前提条件。

二、包装POP广告的结构形式特点

包装POP广告必须兼备包装和展示两方面的功能，一般使用比较坚固的制版材料，以良好的、合理的结构设计兼顾商品的功能。

包装POP广告的结构形式大多是采用一板成型的“展开式”折叠纸盒形式，在盒盖的外部印上精心构思设计的图文，打开盒盖，就会形成与消费者视线成90°角的图形画面，与盒内盛装的商品相呼应，从而起到在销售现场直接对顾客施加影响的促销作用。它在应用形态方面包括多种具体形式，如顶面展示、侧面展示和两面展示等，或根据展示方式选择不同的基本形态和造型形式。

包装POP广告的结构形式包括锁扣式包装盒、陈列架面板式包装盒、间隔式包装盒、陈列台容器式包装盒等。许多长期从事包装POP广告设计的设计师都存有多种易于使用的模板，可以创造有吸引力且结构巧妙、实用的展示性包装POP广告，还可以根据商品生产商的特定要求进行改变。一个设计良好的包装POP广告通常能达到售后服务和成本控制的平衡（见图4-20至图4-23）。

图4-20 附属装饰型食品包装POP广告

图4-21 可陈列于柜台的食品包装POP广告

图4-22 可挂于货架与墙壁的单体包装POP广告

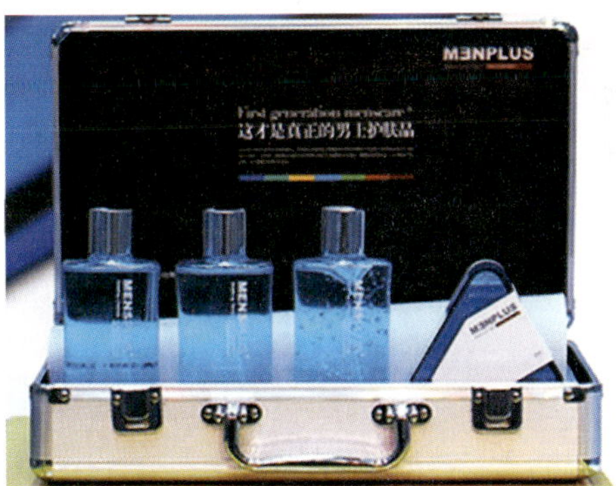

图4-23 可开盖展示的精致箱包式包装POP广告（高档礼品类）

任务七 POP广告策划、设计与制作

一、POP广告策划与执行

（一）POP广告策划的概念

现在的POP广告活动一般以SP（促销）为主导。在此情形下，当促销活动展开时，POP广告的策划与执行便成为整体的关键。实际上，POP广告策划的范围相当广泛。策划通常是等有形的“物”在店里设置后即宣告任务完成。但是在制作“物”之前，要策划和解决的事情还有很多，有时，一些具体的资料（如基本的市场资料、作品等，或是有关制作的素材、加工技术的知识等）十分缺乏，因此POP广告的策划与执行往往依靠策划者的经验来完成（见图4-24至图4-27）。

图4-24 百货商店促销活动中的整体策划POP广告

图4-25 某商业步行街的整体策划POP广告

图4-26 超市内部环境中经过整体策划的POP广告组合

图4-27 超市菜食专区经过整体策划的POP广告组合

（二）POP广告策划的立项

POP广告重视现场甚于理论，所以调查工作很重要，尤其是店头调查。但最重要的还是由策划者本身通过体验、观察得来的资料，它们往往能增强设计者制作POP广告物的信心，对广告主来说也较具说服力。

以店头现场调查和商品资料为基础，即可进行SP策划的作业。在许多条件下选出最具效果的SP策划，而非单独使用POP广告，可考虑利用和一般大众传播媒体相同的关键词（文字）及视觉传达（图案）方式。

（三）POP广告策划的三大步骤

好的POP广告策划应该包括促销构思、POP策划和制作加工3个基本步骤，主要内容和流程如图4-28所示。

（四）POP广告策划前的准备工作

POP广告策划必须从各方面来考虑，以使策划顺利进行。设计者策划前所需的准备工作如下：

（1）对POP广告有兴趣。

（2）必须见闻广博（一无所知则无法产生好方案）。

（3）收集可用资料（拓宽视野）、活用资料、分类整理。

（4）储存创意（随时随地观察、触发创意），并有效应用创意。

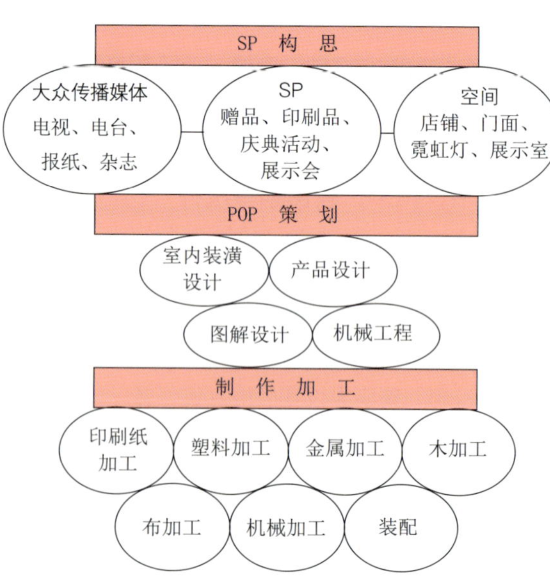

图4-28 POP广告策划步骤示意图

（5）考虑卖场情况，确认后进行设计（舍弃纯设计，注重销售功能）。

（6）重视卖场销售者的意见及现场反应，并调查商品的流通情况。

（7）选择最必要的材质，牢记预算、生产量、期限。

（8）以相反的角度来看POP广告，找出问题点所在。

（9）避免不加深思的创意，应常常与商品接触，以掌握主题。

（10）表面处理尽量简单，切勿拘泥于细部。

（11）POP广告成品的设置、包装、运送及设置后的管理。

（12）扩大思考范围（POP广告在卖场的展示也是提高企业形象的一种方法）与色彩的选择方向。

（五）POP广告的策划过程

任何POP广告都不是随意推出的，必须经过一个周密的策划过程，这样才能达到最佳的广告效果。其策划过程包括：

（1）了解POP广告的背景因素，配合新商品的上市活动，并以既定的广告策略为导向。

（2）了解消费者需求，制作富有创意的POP广告，刺激和引导消费者。

（3）POP广告必须集中视觉效果。

（4）POP广告最好与媒体广告配合使用。

（5）了解超市或商场和周边环境的消费者情况，并听取超市或商场各种人员的建议，作为POP广告制作的依据。

（6）考虑POP广告的功能、费用预算、持久性、制作品质、运输等问题的综合平衡。

（7）计划好POP广告的时效性。因为POP广告是企业整体营销计划的一个组成部分，其时效性必须与营销计划同步。

（六）POP广告策划的信息传达原则

POP广告作为超市或商场的重要促销手段，必须十分重视信息传达的准确性、逻辑性和艺术性原则。

1.准确性原则

POP广告是围绕着商品促销进行的，必须十分准确地把握零售企业的特征，如超市以销售日用品为主，注重便利性；必须准确地把握商品的特征，如实用、廉价；必须准确地把握消费者的消费特征，如顾客的类型、收入水平等。

2.逻辑性原则

POP广告以视觉来传达企业的促销意图和信息，因此要有逻辑地建立POP广告的视觉形象秩序。这就要建立卖场货架、装饰手段与商品之间的秩序关系，要做到井然有序、装饰与渲染有度。

3.艺术性原则

POP广告要达到的效果是促进销售，因此在广告形式和宣传手段上必须“唯实”，而不能“唯美”，即不能不顾广告效果的实际，片面追求广告形式的纯美的艺术表现。

二、POP广告设计与执行

POP广告创作最重要的工作便是“卖场把握”。卖场的布置会随着消费者、季节、商品等而变化，所以必须先掌握卖场的情况，才能开始实际的POP广告设计工作。

POP广告的总体设计要求就是独特。不论何种形式，都必须新颖、独特，能够很快引起顾客的注意，激发他们“想了解”“想购买”的欲望。

设计的技术与材料、费用与数量、制作计划三者的平衡，是POP广告设计成立的基本要素。

（一）POP广告设计的技术与材料

POP广告设计的方式与其他广告作品（如报纸、杂志广告）不同，不单指色彩方面的创作，从有关机能和诉求重点的考虑、规格与材质的选择，到印刷成品的装配和搬运，以及新技术的挑战等，皆是重点。其中，材质的选择是重要的一环。POP广告的材质很多，如塑料、金属、木材、布帛等，都可用作POP广告的基本材料。其形状更是千变万化，在制作规划前应多加考虑，以利于作品的设计。

（二）POP广告设计的费用与数量

在制作POP广告前必须先计算费用。因为每一种商品的费用不尽相同，必须避免超过预算。所谓的“适当费用”，便是能在合乎广告预算的范围内有效使用的花费。

（三）POP广告设计的制作计划

计划表的制作对了解整个制作过程有很大帮助。POP广告的制作期限通常和广告活动配合较多，如和其他媒体的广告活动、商店的开幕活动配合等，所以时间应绝对严守。

三、POP广告制作系统与产生途径

（一）POP广告的制作原则和内容

POP广告的制作原则主要包括引人注目，容易阅读，让消费者一看就能了解广告所要诉求的重点，具有美感，有创意、个性，具有统一性和协调感。

POP广告要用简短、有力的文字来表现内容，字数应以15～30字为限；必须表现出促销品的具体特征，以及其对顾客的效用价值；用语要符合时代的潮流和顾客的需求；要反映商品的使用方法；应根据不同的消费层次来决定字词用句。

（二）承包策划制作POP广告的制作厂商

承包策划制作POP广告的制作厂商有以下三类：

（1）广告代理商附设的POP广告部门。

（2）专门承包POP广告、展示等业务的从业者。

（3）大印刷公司附设的POP广告部门。

为了防止形成单向沟通而阻碍POP广告的制作，各部门之间应重视沟通，这样才能使POP广告发挥最大的广告效果。

目前，POP广告的策划与制作大多交给广告代理商来完成。未来，随着经济的快速发展，POP广告专门店和大印刷公司附设的POP广告部门的出现是十分可能的。

（三）POP广告的产生途径

POP广告具有很高的经济价值，而且成本不高。POP广告产生的途径大致有两条。

途径一：当POP广告仅仅是用来促进销售时，其多数由商品经营者来制作。具体来说，这类POP广告多数由商场的美工或营业员来制作，所以一般较为粗糙，不太讲究质量，如大家在商店里常看到的大减价招牌等。

途径二：当POP广告上升到对产品及企业形象宣传的高度，并由此来促进销售时，其一般由企业自己的广告部及专业设计人员来设计完成，或委托专业的广告公司来代理完成。所以，这类POP广告一般相当精美，对商品及企业本身具有相当的针对性，且大批量地生产，投入与产品销售有关的各环节，进行大范围、大规模的促销活动。

（四）现场POP广告的运用和制作关键

要善用POP广告，就必须了解POP广告对顾客所起的作用。简单地讲，POP广告也可被视为一种心理活动、一种购买行动的暗示。从顾客看到POP广告到购买商品，顾客心理上的种种反应，在设计与制作POP广告时，都必须考虑进去。

1.消费者从看到商品到购买商品过程中的心理反应

（1）看到（注意到）商品时，消费者内心一般的反应是“那是什么东西”，然后紧接着会产生两种念头：一是“没有时间了，不管它，继续走”；二是“还有时间，过去看看”。

（2）消费者接近商品，观看、研究商品。在此动作后，消费者又会马上产生两种反应：一是“原来如此，没有什么”，继而走开；二是对此商品产生了兴趣，继续留在那里。

（3）消费者对商品产生了“欲望”，会有“真想拥有它”“真想看一下”“真想吃吃看”等念头。而在这些念头后，消费者会马上由感性转为理性。

（4）消费者开始理性地分析、判断，在脑海中思考“这是什么牌子的”“价格是多少”“尺寸如何”及“真的需要吗”等。如果答案是否定的，消费者则会立即离开；如果答案是肯定的，消费者则会马上产生购买行为。

（5）消费者展开行动，买下商品。

所以，在策划、制作、张贴、管理POP广告等各方面，相关人员都必须十分留意与用心，才能使最终的POP广告产生有效的促销作用。

2.POP广告的展示方式

如果用心研究，会发现POP广告有多种展示方式。以下仅列出其中最普遍、常用的3种，以供参考。

（1）悬挂展示方式。这是店铺最常用的方式，因为其不仅醒目、不占空间，而且可长时间悬挂。

（2）壁面与柜台展示方式。其功用与悬挂展示方式类似。

（3）实物模型（落地式）展示方式。这种方式对店铺的促销有很大帮助，但缺点是占用面积较大。

情境演练4

促销型 POP 海报设计

•任务描述

为某种零售商品设计一款节日促销POP海报，命题自选，可包含但不限于化妆品类、首饰类、食品类、服装类、电器类等；可利用计算机辅助制作，也可带有POP手绘风格与计算机制作相融合的综合效果。

•实训目标

学习目标：设计与制作POP广告风格的海报作品，符合主题定位。
能力目标：掌握海报设计要素，掌握计算机软件操作能力。
思政目标：培养文化自觉意识，增强对本国文化的认同，守正创新，坚定文化自信。

•任务展开

（1）手绘海报作品尺寸为大度4开大小，计算机设计作品尺寸为A3大小。

（2）作品数量为1～3款（一个系列）。

（3）作品应体现海报POP广告的基本功能，如主题信息明确的告知功能、唤起消费者潜在购买意识的功能、取代售货员的导购功能、创造销售气氛和促进销售的功能、提升企业形象的功能，并具备一定的装饰形式美与艺术表现力。

（4）课赛融合。教师可引导、组织和推荐选题。建议按当年度"中国大学生广告艺术节学院奖"或"全国大学生广告艺术大赛"等网站的命题企业资料下载区给出的相关选题进行选择（如碧生源牌纤纤茶、连花清瘟胶囊、凯迪仕K20 Pro猫眼视屏智能锁、圣象地板、冰泉果汁汽泡漱口水、三金牌西瓜霜润喉片等）。先下载相关选题的命题"策略单"，根据其"命题类别"进行选题；随后仔细阅读、理解、分析"策略单"中的"命题企业和产品简介""产品名称""广告主题""品牌调性""目标消费群""传播和营销目的""建议列入事项"以及"其他补充事项"等内容；根据其提供的"官方网站"搜集一切对设计有用的辅助资料；下载其logo及产品图片，以便用于制作。

（5）提交电子文件格式为JPG，分辨率为300dpi；文件以"班级名称+作者姓名+作品名"命名。

•考核重点

海报主题信息传达准确，提升企业形象，视觉效果好，艺术表现力强，达到良好的促销效果。

模块三　技能训练篇

项目五

平面 POP 广告设计与制作

【学习目标】

了解POP广告创意的原则和方法，熟悉平面POP广告设计的分类；通过练习，掌握平面POP广告的作图顺序，并能灵活运用关键的文案设计和调配色彩因素，完成出色的设计作品。

任务一　理解平面 POP 广告设计的创意

创意绝妙的广告能吸引人们的注意力，给人们留下深刻的印象，引起人们对某品牌产品的关注，增加产品的价值，把“企业的好产品”变成“消费者喜欢的好商品”。在商业活动中，POP广告是一种极为活跃的促销形式，以多种手段将各种大众信息传播媒体的集成效果浓缩在销售场所中，能把商品的优点、内容、质量和使用方法清晰、明确地传达给消费者，提高商品的注目率，使消费者对各种广告媒介所做的宣传产生一种联想，或通过有针对性的、简明扼要的说明，使消费者对不熟悉的商品产生好感，从而促进销售。这正是POP广告的魅力所在。

POP广告的运用能否成功，关键在于广告画面的设计能否简洁、鲜明地传达信息、塑造优美的形象，使之富于感染力。基于此，POP广告前期的创意思考便尤为重要。

一、平面POP广告设计的创意原则

（一）环境与时效性原则

POP广告在发布时占据了一定的视觉空间和地理空间，所以应当考虑环境因素对其造成的影响（见图5-1）。只有充分考虑到了这一点，才能使POP广告更具视觉张力，最大限度地宣传产品。另外，由于很多POP广告都是为新产品或相关促销活动做宣传的，所以要特别注意它的时效性（见图5-2）。

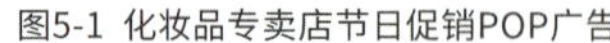
图5-1 化妆品专卖店节日促销POP广告

图5-2 时效性原则表现

（二）重复效应原则

重复效应是指大量POP广告集群并置发布后产生的视觉效果（见图5-3）。在设计中，有时单独一个吊旗POP广告看起来效果还不错，但当很多面同样的吊旗悬挂在购物现场时，效果未必理想。所以在设计与制作POP广告时，不能仅考虑单张作品的效果，还要综合考虑它“重复”后的视觉效应（见图5-4）。

（三）成本原则

在设计POP广告时要讲求独特、时髦，但这种独特和时髦应该有度，不能一味地为了凸显特色，而在选材和形式上大做文章。例如，有的POP广告作品，仅制作裁切模具的成本就比印刷的成本还要高，这就得不偿失了。所以，在设计POP广告作品时，尤其是在选材、形式上要本着经济性原则，用最少的钱带来最大的效应（见图5-5）。

（四）作品张力原则

POP广告作品的内容必须简单、明了，易于识别和记忆。色彩运用要主次分明，尽量选择一些较鲜艳的色彩，这样才能更好地烘托出购物场所的热烈气氛。在设计形式方面，设计师要尽量发挥灵感与创造力，使作品新颖、时尚，满足消费者的欣赏心理与审美情趣。

图5-3 品牌卖场促销POP广告的重复运用

图5-4 店面插画吊旗POP广告的重复运用

图5-5 卖场橱窗促销POP广告

二、平面POP广告设计的创意方法

（一）注重现场广告的心理攻势

因POP广告具有直接促销的作用，设计者必须着力研究店铺环境与商品的性质、顾客的需求和心理，以求有的放矢地表现最能打动顾客的内容（见图5-6）。POP广告的图文必须有针对性地、简明扼要地表现出商品的优点、特点等内容。

（二）造型简练，设计醒目

因POP广告体积小，容量有限，要想将其置于琳琅满目的各种商品之中而不被忽略，且又不显得花哨、低俗，其造型应简练，画面设计应醒目，版面设计应突出而抢眼，阅读方便、重点鲜明，有美感，有特色，和谐而统一（见图5-7）。

（三）注重陈列设计

POP广告并非像节日点缀一样越热闹越好，而应视其为商店形象的构成部分，所以其设计与陈列应从加强商店形象的总体出发，加强和渲染商店的艺术气氛（见图5-8）。

（四）针对顾客的关心点进行诉求和解答

导致顾客产生购物犹豫心理的原因是他们对所需商品尚存有疑虑。价格是顾客所关心的重点，所以价目卡应置于醒目位置；商品说明书、精美的商品传单等资料应置于取阅方便的POP广告展示架上；对新产品最好采用口语推荐的广告形式，进行说明、解释，诱导购买。

（五）以形象为主导

POP广告的最终目的是把商品卖出去，所以常见的POP海报大多以减价、打折、优惠销售等为主，以价格差价吸引顾客购买。以价格为主导的POP广告的确能在一段时期内产生“激励”，起到诱导大量顾客购买的作用，但时间一久，则会由于过度刺激而失去功效。因此可以形象为主导，进行联合促销（见图5-9、图5-10）。

图5-6 打动人心的POP广告图文

图5-7 店面精练、清晰的促销POP广告语

图5-8 店面POP广告陈列

图5-9 店面POP广告

图5-10 促销POP海报

任务二 了解平面POP广告设计的分类

在竞争激烈的社会环境中，在商品讲求个性化的时代，POP广告已成为零售企业开展市场营销活动、赢得竞争优势的利器。

POP广告按性质主要可分为两种：一是店铺自行制作的POP广告，主要由店铺的美工或促销员自行动手制作，虽然其生产效率远不及厂商制作的POP广告，但它可针对店铺的需要，更加突出店铺特色。二是厂商制作的POP广告，主要针对自己商品的促销，对店铺方面考虑较少。其POP广告的制作大多为批量生产，且较单一化。

POP广告按内容主题主要可分为商业类POP海报、节庆类POP海报、美食类POP海报等。

一、商业类POP海报

商业类POP海报是指宣传商品或商业服务的商业性广告海报。商业类海报的设计要恰当地配合产品的格调和受众对象，以具有艺术表现力的摄影、造型写实的绘画或漫画形式表现为主，给消费者留下真实的画面和幽默的感受（见图5-11、图5-12）。

二、节庆类POP海报

节庆类POP海报是指在节日期间，利用消费者的节日消费心理，进行产品、品牌促销宣传活动的海报。国内的节日大多以喜庆、热闹的风格为主，POP海报的画面大量采用红、黄、绿、蓝等鲜艳的色彩，表现出热爱生活、积极向上的美好情感，如春节以红色为主，端午节以绿色为主，色彩搭配大胆，视觉张力强。同时，强烈的色彩对比也更能吸引消费者的注意力（见图5-13、图5-14）。

图5-11 商业类POP海报①

图5-12 商业类POP海报②

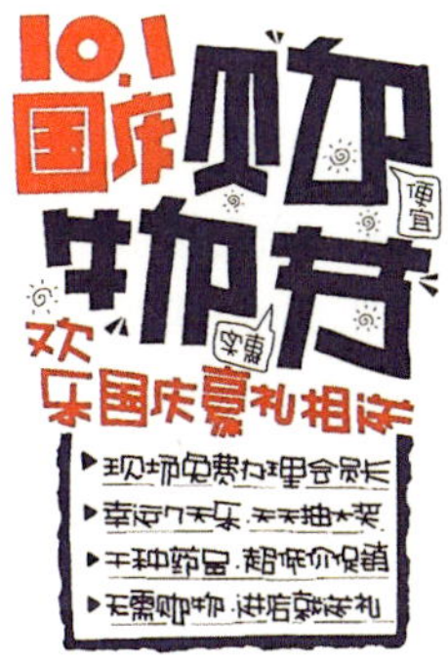

图5-13 节庆类手绘POP海报

图5-14 节庆类POP海报/学生：郭惠

三、美食类POP海报

美食类POP海报是针对食品的价格、味道、特色等方面进行介绍的宣传海报。这类POP海报在色彩运用上大多采用能引起人们食欲的暖色系，也可根据食物特点有选择性地用色。例如，海鲜食品使用蓝色调，辛辣食品使用红色调（见图5-15、图5-16）。

图5-15 美食海报①

图5-16 美食海报②/学生：赵晓东

任务三 掌握平面 POP 广告设计的主要作图顺序

一、编排构图

版面编排是在进行POP广告设计时，根据POP广告主题的要求，对POP广告设计的构成要素予以必要的设计。

（一）编排设计的功能

1.引导阅读流程，提高阅读兴趣

经过精心设计的版面，能对文字、插图、照片、图形、标志等视觉元素予以有机的整理与配置，给消费者提供正确、清晰、完整而明快的阅读信息流程。具有艺术特点的画面效果能使消费者产生感官上的美的享受，从而提高阅读兴趣并加强内容理解，加深对商品、信息及品牌的印象。

2. 创造和树立企业及品牌的形象

创造和树立企业及品牌的形象是广告宣传的重要目的。将品牌名、商品信息或者企业名称安排在版面中最具有注意价值的位置，有利于消费者在接受广告的同时，迅速而自然地把握该信息，从而在消费过程中根据对品牌或企业的印象进行选择性的购买。

3.强化说服力，引导认同感

信息主要通过直观的图像、广告文字、色彩与形体等所构成的总体感性印象及心理感受来传播。优秀的版面编排将有吸引力的主题凸显出来，强化优势或好处，满足了消费者需求，达到无声强化说服力的目的。

（二）编排设计的原则

编排设计POP广告时，应注意以下原则：

（1）充分运用形式美的法则，将内容与形式表现合理地统一，表现形式必须服从内容的要求。

（2）版面构图力求做到简洁、清晰、生动，在瞬间的视觉冲击中具备单纯而有力的诉求效果。

（3）讲求画面的虚实关系，适当留白。留白是排版中“虚”处理的一种特殊手法。留白的处理对提高版面的视觉效果有重要的作用，可产生舒畅感，集中视觉重点，提高海报格调。通常，留白量占画面的1/5到1/2。

（4）注意保持版面相对的均衡感。

（5）视觉动线顺畅。要能考虑各构成要素间的主次关系，通过引导观察流程使消费者的视线有序地到达广告诉求重点的位置，从而突出广告主题。

（6）注重整体的对比因素。注意各构成要素结构形态的轻重、大小、虚实、多少等对比，加强视觉力度，强化版面的整体吸引力。

（7）考虑编排设计的目的和适用环境。编排设计是直接传播信息的载体，无论是设计目的还是适用环境，都要求版面的设计具有视觉创意性。

（三）编排设计的形式

1.对称式

对称式是传统的构图形式，画面稳重、整齐，缺点是较呆板，变化少（见图5-17）。

2.均衡式

均衡式是指画面元素排列无固定规律，画面平衡、重心稳，变化多样，形式感较强，富有时代气息；但版面容易乱，排列要特别慎重（见图5-18）。

3.上空式

上空式是指画面中心偏下，图形及文字布局在画面中心的下部；上部较空，主要安排商标和名称，起画龙点睛的作用（见图5-19）。

图5-17 对称式POP海报

图5-18 均衡式POP海报

图5-19 上空式POP海报

4.下空式

下空式是指画面中心偏上，下半部分较空；内容集中在上部，主要安排价目和时间，起强调价格和时间的作用（见图5-20）。

5.中间式

中间式是指画面上下两端较空，内容主要集中在画面中间，简洁、精致、重点突出（见图5-21）。

6.对角式

连接画面对角的线称为“对角线”。对角式POP海报中，对角线是画面的主干线，构图以对角的形式把主题配置在这条线上，其余部分较空。对角式的构图活泼、独特、动感强（见图5-22）。

图5-20 下空式POP海报

图5-21 中间式POP海报

图5-22 对角式POP海报

7.S形构图式

这是指标题、说明文字与插画等元素在画面上沿着S形轨迹进行布局，引导消费者的浏览视线。其画面构图活泼，有节奏感、韵律感，给人美的享受（见图5-23）。

8.中轴式

这是指将标题、图片、说明文字与商标图形放在中轴线两侧，左右两边较空，多以相对对称为主。版面上的中轴线在视觉上既可以是有形的，也可以是无形的，以此变化来弥补由于对称造成的过分平稳感，从而吸引消费者的视线（见图5-24）。

9.对比式

对比式分大小对比、粗细对比、明暗对比、色彩对比、疏密对比、主从对比等，在广告中应用较为普遍。画面中对比的因素越多，其视觉冲击力越强（见图5-25）。

图5-23 S形构图式POP海报

图5-24 中轴式POP海报

图5-25 对比式POP海报

10.视觉诱导式

这是指通过一定的线条、图形和排列形态的有形或无形的线，使人们的视线随之流动。这种设计形式使人们首先接触视觉中心，层层阅读，从而达到信息传递的目的。例如，可以利用斜线使画面充满运动感和速度感；还可以利用带箭头形的指示，把消费者的视线引到广告内容的诉求重心，以便消费者极为简捷地把握广告的宣传概念（见图5-26）。

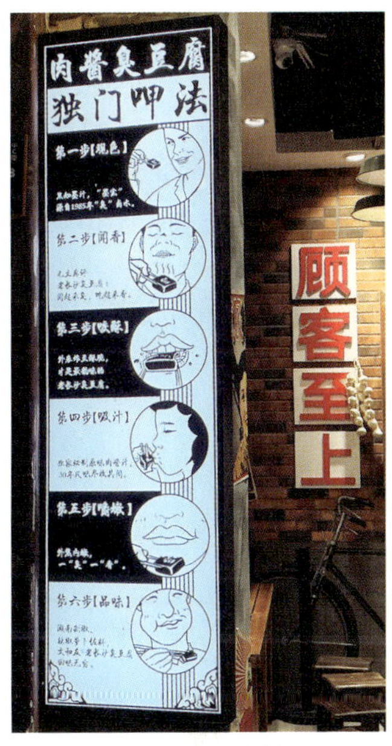

图5-26 视觉诱导式POP海报

二、主标题

主标题标示在POP广告最突出的位置，用于图书商品诉求和门店促销诉求的双重表达，也是POP广告设计的重点。其他内容都围绕它来服务。一个成功的主标题能够有效吸引消费者的目光，并促使其进一步上前浏览副标题及说明文字等，从而产生购买兴趣。所以，主标题的设计一定要醒目、清晰，而且字数最好控制在3～5个字，以2秒内读完为宜，即所谓“2秒阅读效应”，如“本周新书目”“本月十大畅销书”等。同时，它的颜色和字体装饰处理也是POP广告中最丰富的，一般可采用两三种装饰方法（见图5-27）。

三、副标题

副标题用于对主标题进行解释或补充说明。它的字体大小和颜色等都应与主标题区分开，特别是字体采用的装饰方法上，一定要少于主标题；否则，就会喧宾夺主、主次不分（见图5-28）。

图5-27 POP海报的主标题设计

图5-28 POP海报的副标题设计

四、说明文字

说明文字是对主题内容的进一步说明，一般文字比较多，可分行书写，也称为“正文”。书写时要注意简明扼要、语句精练，将最具魅力的信息写在前面，诱使读者往下阅读（见图5-29、图5-30）。说明文字不需要装饰，但要和主标题、副标题区分颜色和字号，特殊的重点要变换色彩或字号，如数字、称呼、价位、折扣、赠品等，有时可在每行文字的下方画上一条下划线以强调、突出。

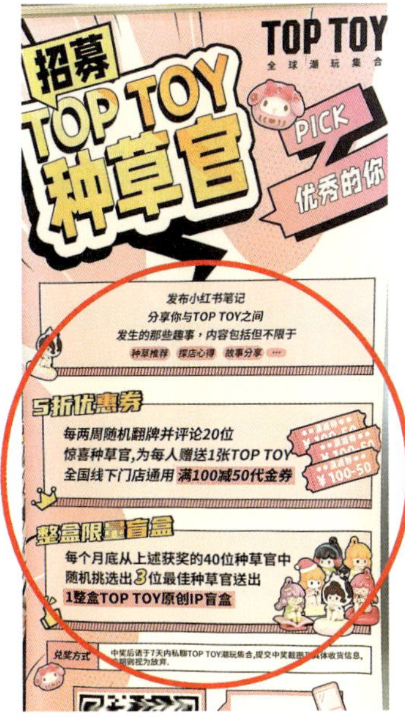

图5-29 POP海报的说明文字①

图5-30 POP海报的说明文字②

五、插图

插图是POP广告的重要构成要素，是对主题的视觉表达。一幅好的POP广告插图具有强烈的视觉冲击力，胜过千言万语（见图5-31）。插图的绘制要讲究实用性与唯美性的和谐、统一，避免过于精细或过于粗糙。

六、装饰

边框、图案底纹是POP广告常用的装饰方法。但要注意的是，大字不修饰会显得单调，小字修饰太多则会妨碍阅读（见图5-32）。

七、补充信息

补充信息包括门店名称、地址、热线电话、网址等（见图5-33）。

图5-31 POP海报的插图

图5-32 POP海报的装饰

图5-33 POP海报的补充信息

任务四 掌握平面 POP 广告设计的关键

以视觉为诉求的POP广告主要通过文案和色彩来展现独特的魅力。因此，文案拟订与色彩设计成为POP广告设计的关键。

一、文案拟订

作为传递信息的载体，POP广告最常用的类型是说明性POP广告。虽然它也会以色彩、图案来表示，但最重要的还是以文字加以说明。所以，文案可以说是POP广告在营销策略上的灵魂。“说什么、怎么说”，需要在制作之前就仔细考虑清楚。

文案的结构大致为“引人注意的文句—标题—边框装饰—插图”。如与“春”相关的文案有“春暖花开”“西湖春晓”“春之颂”“早春特卖”“新春行大运”“新春见面礼，来就送”等，其主要用意在于引起顾客的注意，至于与主题有没有直接的关系，并不十分重要（见图5-34）。文案的拟订最好能突出商品特性、活动目的等，巧妙结合谐音等多种创意构思方法，使消费者产生美好的联想，从而产生共鸣。

图5-34　店面促销海报②

二、色彩设计

广告的色彩是无声的语言，具有传达信息、增强记忆、激发情绪的作用。色彩能通过明度、纯度、冷暖倾向、对比强弱、位置、面积、形状等要素把设计者的想法传递给受众。

（一）POP广告色彩选择的几种观点

POP广告色彩选择的依据范围相当广泛，大致有地域说、民族说、流行说、年龄说、制品说。

1.地域说

地域说强调人们会因地理环境的差异而产生不同的色彩嗜好。在阳光普照地区，大众一般喜欢明亮、鲜艳的色彩，如暖色系（红、黄、橙）；在阴雨连绵地区，大众一般喜欢带有灰调的冷色，如青色、淡绿色、灰色等。

2.民族说

民族说强调能左右色彩嗜好的因素在于各民族文化传统和习性，如宗教、文化、信仰、习俗、伦理道德等，都会有决定性的影响。

3.流行说

流行说以商品销售为出发点，再配合流行趋势及社会风气的转变。如随着人们环保意识的增强，绿色成为现代设计师的新宠。

4.年龄说

年龄说认为对色彩的喜好可能会因为性别、兴趣及年龄等种种因素而有很大出入。随着年龄逐渐增长，人们会产生由原本钟情暖色而转向钟情冷色的倾向，所以儿童一般喜欢较亮的暖色（红、黄），而老年人则喜欢冷色（青）。

5.制品说

制品说认为应根据商品的特色加以判断、分析，选择较合适的颜色予以搭配，如化妆品的POP广告适合的色系为粉红、粉紫等。设计者也可根据商品属性的即物印象来选择色彩。例如，看了某种表现色或空间色，就会联想到某种物体或成分，也就是所谓的“固有色”，如咖啡、巧克力、牛奶等食品都具有固有色的联想。

（二）POP广告色彩的属性和配置

1.色彩的属性

人们在面对色彩时，心理会受到颜色的影响而产生变化，这些变化会使人们产生许多不同的情绪。但要特别注意的是，不同民族、性别、年龄的人，或是因个性上的偏好，会对颜色产生不一样的认定及反应。尽管如此，色彩仍具有普遍性的共同情感，所以设计者在应用色彩时，可以将色彩本身的特性，如沉静、温暖、活泼、轻快、稳重等，搭配在画面的整体感觉或是特意营造的气氛感觉中，引发观看者的情感共鸣。色彩具有3种重要的性质，即色相、明度、纯度，即色彩的三属性。色相是色彩的相貌，如红、黄、蓝等颜色的名称。明度是指色彩的明暗程度。在无彩色中，明度最高的是白色，明度最低的是黑色。在有彩色中，明度最高的是黄色，明度最低的是紫色。纯度是指色彩的饱和程度或纯粹度。任何颜色的纯色均为该色系中纯度最高的颜色；一旦混合了其他颜色，就会降低其纯度，混色越多，纯度越低。

2.色彩的心理倾向

（1）轻快的颜色。色彩的明度越高，给人的感觉就越轻，所以如果要有轻快的表现时，最好的配色就是偏向于高明度的色系。

（2）鲜丽的颜色。通常让人感到华丽、鲜艳的颜色，一定是属于高纯度的颜色。这是高纯度颜色所具有的特质，它很容易使画面变得丰富。

（3）柔和的颜色。让人感觉柔和的色彩，通常为明度较高、纯度较低的颜色，而暖色系也能给人柔软、可口的感觉。

（4）坚硬的颜色。冷色系的颜色基本上都具有沉稳的感觉，如果降低其明度、提高其纯度，就容易产生坚硬感及冷静感。此色系较适合理性的表现。

3.色彩的配置

POP广告的配色大致可分为以下几种。

（1）同一色相的配色。这种配色指的是将单独的一个颜色分别加黑或加白，从而产生高明度或低明度的同色系，然后予以配色。

（2）类似色的配色。类似色是指运用两种颜色进行调和，如红色与橙色可以调和成橙红色。红色、橙红、橙色3个颜色并排在一起便是类似色的配色，适用于较亲切的场合。

图5-35 店面商品介绍POP海报

（3）对比色的配色。这种配色在POP广告中较常运用，视觉效果较好，如红绿、黄紫、橙蓝、黑白。此系列的配色较适合用于促销POP广告或形象POP广告，以较显眼、新潮的色彩来吸引顾客，以最大限度地激起顾客购买的欲望。较大型的POP广告多以突出的对比色作为主要配色。

（4）同纯度、同明度的配色。以相同的构成要素进行互相冲突的搭配，会给人焕然一新的感觉；高纯度的搭配，如蓝与黄，具有相当大的震撼力。

（5）无彩色的配色。任何一种色彩搭配无彩色（黑、灰、白）都有不错的效果。明度很低的色彩，与白色搭配较为合适；反之，就搭配黑色。这种配色方法是最为简单也最受欢迎的。

POP海报多以对比强烈、色相鲜艳的色彩搭配为主。尤其是对主标题的着色，通常可用互补色或对比色做对比，以平涂色块的方式加强色彩的分量，以达到突出信息的作用。色彩的合理运用能够确定作品的风格基调、营造整体画面氛围，是反映主题信息的重要元素。富于感染力的POP广告作品中精美的色彩组合所创造的境界，能从美学意义上让人们获得精神享受并认知产品（见图5-35）。

情境演练5

用计算机设计与制作平面 POP 海报

• 任务描述

根据POP海报的分类，任选一种形式进行主题创作设计，如促销、告示、招生、招募、节日等。

要求：

（1）使用计算机软件设计与制作。

（2）尺寸为297mm×420mm（A3）。

（3）文件存储为JPG格式，分辨率要求为300dpi；文件以“班级名称+作者姓名+作品名”命名。

• 实训目标

学习目标：掌握手绘POP广告字体和插画导入计算机软件的处理方法，掌握海报设计版面处理技巧。

能力目标：能使用计算机软件独立设计POP海报；配色舒适、大胆，符合主题要求。

思政目标：培养爱岗敬业的职业素养，培养勇于创新的学习精神，培养精益求精的工匠精神，勇担传播中国传统文化的责任。

• 任务展开

（1）主题明确，有形式美感。

（2）色彩搭配合理，有视觉冲击力。

（3）有制作细节，重点突出。

• 考核重点

设计构思巧妙，信息传达到位，视觉张力强。

学生作品如图5-36至图5-44所示。

图5-36 学生作品①/黄洁琴

图5-37 学生作品②/林璐莎

图5-38 学生作品③/黄洁琴

图5-39 学生作品④/吴绮琪

图5-40 学生作品⑤/陈嘉娜

图5-41 学生作品⑥/黄嘉欣

图5-42 学生作品⑦/薛植娜

图5-43 学生作品⑧/赖嘉慧

图5-44 学生作品⑨/霍锦辉

项目六

立体 POP 广告设计与制作

【学习目标】

了解立体POP广告的类型特点与造型要素；掌握几种常见立体POP广告的功能与设计要点的理论知识；学习包装式、柜台展示式、落地式、悬挂式、店头促销综合系列等POP广告种类的设计理论知识；通过对立体POP广告材料类别的认识、常规制作原理的掌握和常规制作方法的学习，进行立体POP广告效果图与模型的设计、制作实训练习。

任务一　了解立体 POP 广告的类型特点与造型要素

一、立体POP广告的类型特点

从前文POP广告的分类中可知，除海报POP广告、手绘招贴POP广告、服务表示POP广告、部分标志（指引）POP广告、商品说明POP广告和招牌POP广告等多以平面方式呈现之外，绝大多数POP广告是以立体的形态呈现的，以下对其分类略做介绍。

（一）店头POP广告

置于店头的POP广告有立式招牌、室外灯箱广告或灯箱招牌、电控滚动式海报、大木偶、站立广告牌、实物大样本、高空气球、橱窗展示、广告伞、指示性标志等。

（二）橱窗式POP广告

橱窗式POP广告包括橱窗内外的商品布置、展示内容和相关的装饰、贴纸、海报等。

（三）灯箱POP广告

超级市场中的灯箱POP广告一般较多地固定在陈列架端侧或壁式陈列架上，主要功能是指定商品的陈列位置和工厂专卖柜。

（四）商品的价目卡、展示卡式POP广告

价目卡用于标明商品的名称、价格。售价字体的大小设置应以能使消费者在1～2m的距离内清楚地看到为准则。展示卡式POP广告以标明商品的价格、产地、等级等为主，同时也可以简单说明商品的性能、特点、功能等简要的商品信息。

（五）悬挂式POP广告

悬挂式POP广告的主要功能是创造卖场活泼、热烈的销售气氛。最典型的两种悬挂式POP广告的形式是吊旗式和悬挂物式。

（六）包装POP广告

包装POP（与商品包装结合）广告是指商品的包装具有促销和宣传企业形象的功能，如附赠品包装、礼品包装、若干小单元的整体包装。

（七）柜台展示式POP广告

柜台展示式POP广告是放在柜台上的小型POP广告，可分为展示卡和展示架两种。置于商场柜台上的POP广告，为消费者提供了近距离接触商品和试用商品的机会。

（八）地面立式POP广告

从店头到店内的地面上放置的POP广告具有商品展示与销售功能，如电子显示屏、电动造型POP广告等。有的商场也将其称为“层面POP广告”，包括立体陈列、立竿、架子、大木偶等。

（九）壁面POP广告

在商场的空间中，除了墙壁为主要的壁面外，活动的隔断、柜台和货架的立面、柱头的表面、门窗的玻璃等，都是壁面POP广告可以依附的地方。附在墙壁上的POP广告有海报板、挂旗、告示牌、贴纸、装饰等。壁面POP广告以美化壁面、告知商品信息为主要功能，重视装饰效果和气氛渲染，可分为平面和立体（以半立体的造型为主）两种形式。

（十）陈列架POP广告

陈列架POP广告（大型台架式POP广告）包括货架卡、广告牌、DM、商品宣传册、台卡、商品模型、传单、小吉祥物等。它们可放在柜台上或商品旁，让顾客近距离阅读或观赏，也可直接放在稍微大一些的商品上，“强制”顾客接收商品信息，是一种直接推销商品的广告。

除上述之外，还有许多其他富有特色的、个性化的立体POP广告，如探出式POP广告，以探出的形式安装在货架隔板、通道上；弹簧式POP广告，即弹簧式广告牌；手册支架POP广告，即供放置商品关联情报的小册子用的支架；促销笼车POP广告，即销售关联小商品用的笼车；还有动态式POP广告、光源式POP广告等。

二、立体POP广告的造型要素

从造型的角度看，立体POP广告同样包括广告造型的文字、图形和色彩三大构成要素。除了一般平面广告的造型要素外，由于POP广告陈列的特殊方式和地点，为了适应商场内顾客的流动视线，POP广告多以立体的方式出现或展示，所以在平面广告造型基础上，还要增加立体造型的因素。

立体造型比平面造型具有更强烈的视觉效果，而且立体造型对广告内容的表达层次也更加丰富。当然，立体造型并不能代替平面要素的作用。POP广告的设计必须有效地利用平面要素和立体造型作用，才能真正做到尽善尽美。

POP广告的立体造型，从形态选择的角度看，可以分为具象形态和抽象形态两大类。具象形态的造型可以是产品实物形象的利用，或是产品模型的放大或缩小，也可以是与产品有关的附加具象形态的造型或象征性具象形态的造型；而抽象形态的造型则以抽象的几何形态、有机形态、偶然形态等间接与产品内容产生联系，或从抽象的材质关系方面产生与产品内容的联系等。

任务二　立体 POP 广告的功能与设计要点

立体POP广告的类型较多，这里主要介绍几种销售场所最常见的立体POP广告的功能与设计要点。

一、包装POP广告

包装POP广告是一种广告式商品销售包装，多陈列于商品销售点，是有效的现场广告手段。它是将包装功能与广告宣传结合在一起的一种特殊广告形式，是利用商品包装盒盖或盒身部分组成特定结构形式的一种视觉传达设计，如附赠品包装、礼品包装、若干小单元的整体包装。

（一）包装POP广告的形态及功能

包装POP广告在应用形态方面有多种具体形式（如顶面展示、侧面展示和两面展示等），或根据展示方式选择不同的基本形态和造型方式。

包装POP广告必须兼备包装和展示两方面的功能，一般使用比较坚固的制版材料，以良好的、合理的结构设计来兼顾商品的功能（见图6-1至图6-6）。

图6-2 包装POP广告②

图6-1 包装POP广告①

图6-3 包装POP广告③

图6-4 包装POP广告④

图6-5 包装POP广告⑤

图6-6 包装POP广告⑥

（二）包装POP广告的结构形式

包装POP广告的结构形式大多是采用一板成型的“展开式”折叠纸盒形式，在盒盖的外面印上精心构思的图文，打开盒盖，就会形成与消费者视线成90°角的图形画面，与盒内盛装的商品相呼应，从而起到在销售现场直接对顾客施加影响的促销作用（见图6-7至图6-9）。

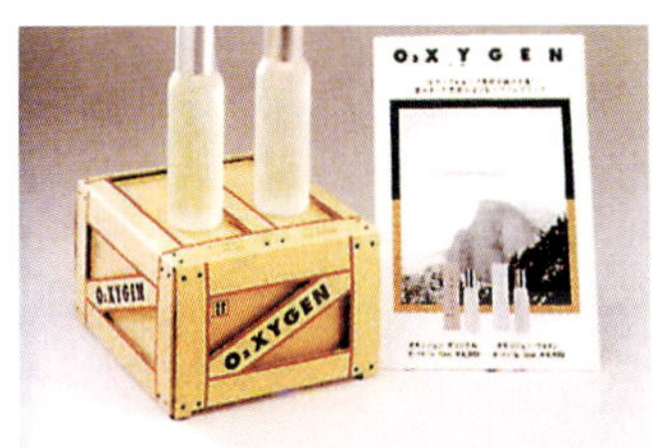

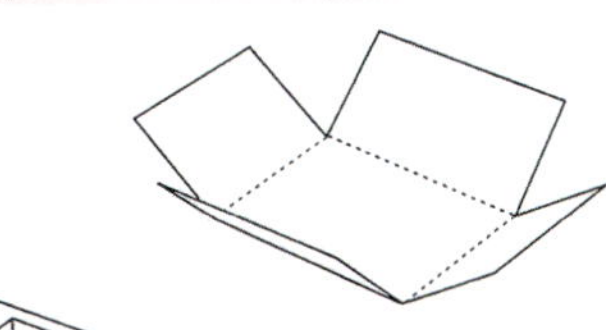

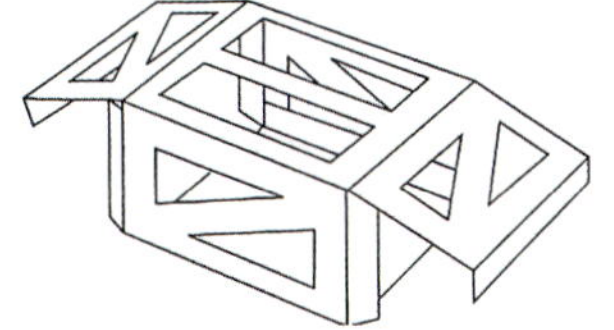

图6-7 包装POP广告结构展示①

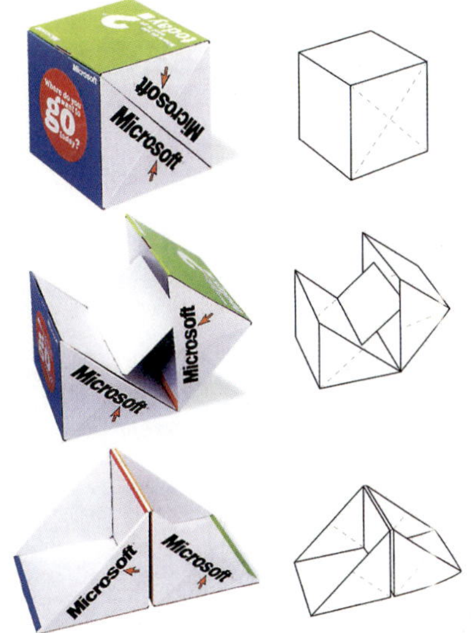

图6-8 包装POP广告结构展示②

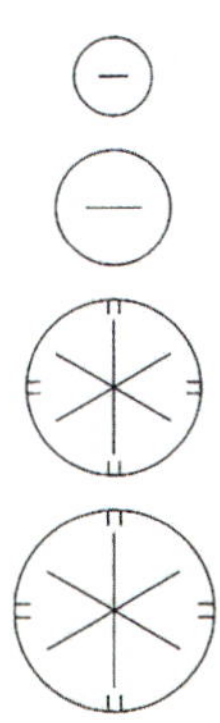

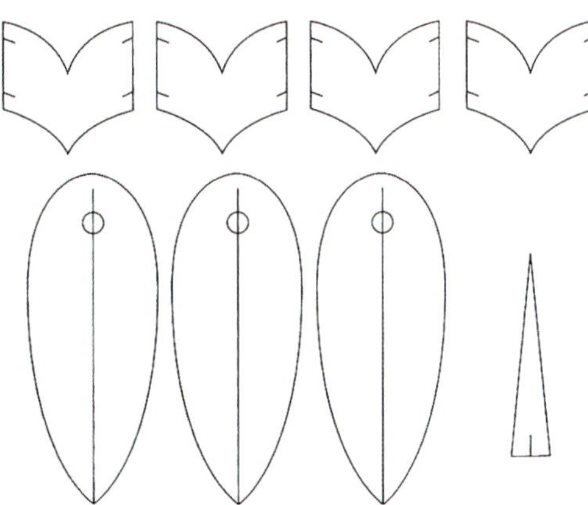

图6-9 包装POP广告结构展示③

二、柜台展示式POP广告

（一）柜台展示式POP广告的分类

柜台展示式POP广告可分为小型展示卡、柜台展示架、货柜与货架三类。

1.小型展示卡

小型展示卡是一种灵活的、小型的POP广告形式，用于展示商品和宣传内容，能够应用于商品促销的各个方面。展示卡一般与商品展示配合使用，多以附属的性质出现在柜台和货架上，也可以与商品促销活动配合使用。

小型展示卡的主要功能以标明商品的价格、产地、等级等为主，同时也可以简单说明商品的性能、特点、功能等简要的商品信息，文字的数量不宜太多，以简短为好，目的是促进购买冲动、推荐相关产品或强调特卖商品（见图6-10至图6-17）。

图6-10 小型展示卡①

图6-11 小型展示卡②

图6-12 小型展示卡③

图6-13 小型展示卡结构①

图6-14 小型展示卡结构②

图6-15 小型展示卡结构③

图6-16 小型展示卡结构④

图6-17 小型展示卡结构⑤

2.柜台展示架

柜台展示架的主要功能是展示商品样品，不需要陈放大量商品，一般陈列于柜台上或以专门的商品展示小柜台的形式出现。它主要是在满足商品款式、样品的展示陈列功能的同时考虑广告宣传的功能。

展示架与展示卡的区别：展示架上必须陈列少量的商品，但陈列商品的目的不在于展示商品本身，而在于以商品来直接说明广告的内容，陈列的商品相当于展示卡上的图形要素；展示卡则仅以图形来说明广告内容。一旦把商品看成图片后，展示架和展示卡就没有什么区别了。值得注意的是，展示架放在柜台上，陈列商品的目的在于说明，所以展示架上放的商品一般都是体积比较小的商品，而且数量以少为好。适合用展示架展示的商品有珠宝首饰、药品、手表、钢笔等（见图6-18至图6-28）。

图6-18 柜台展示架①

图6-19 柜台展示架②

图6-20 柜台展示架③

图6-21 柜台展示架④

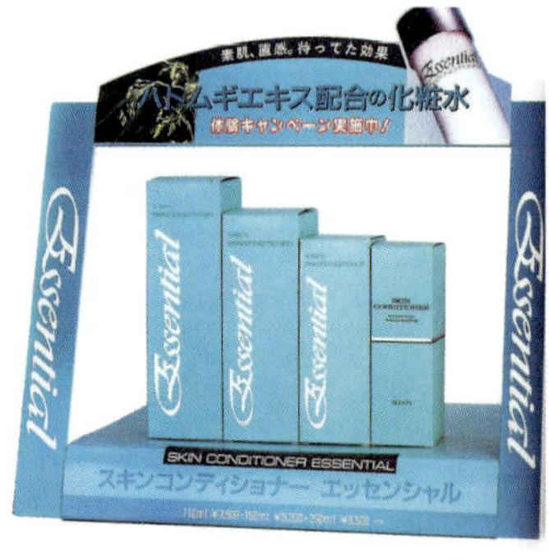

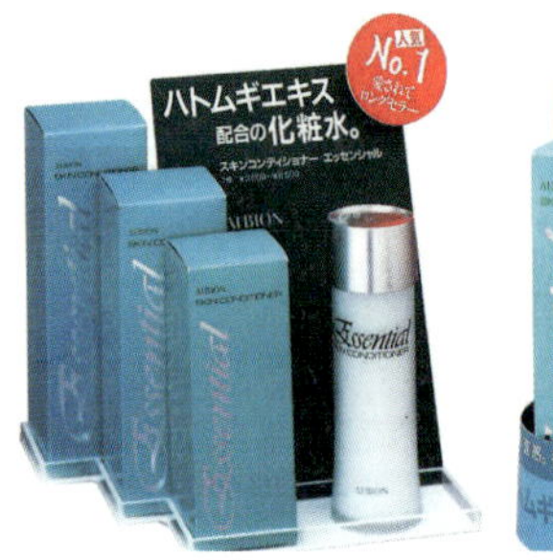

图6-22 柜台展示架⑤

图6-23 柜台展示架⑥

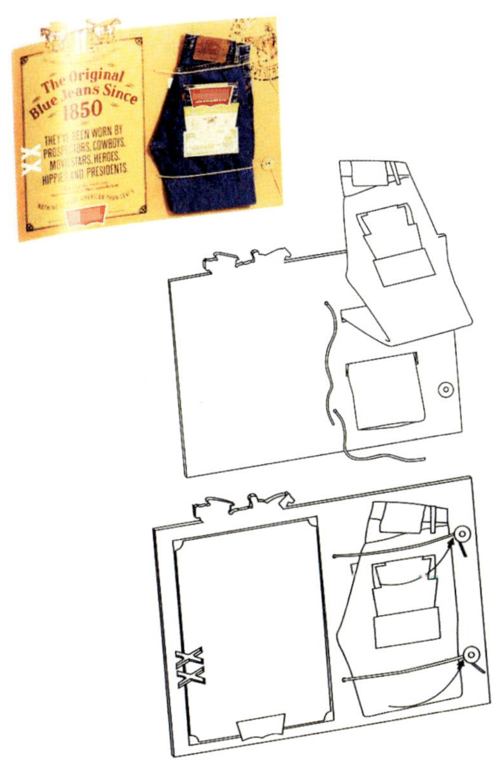

图6-24 柜台展示架结构①

图6-25 柜台展示架结构②

图6-26 柜台展示架结构③

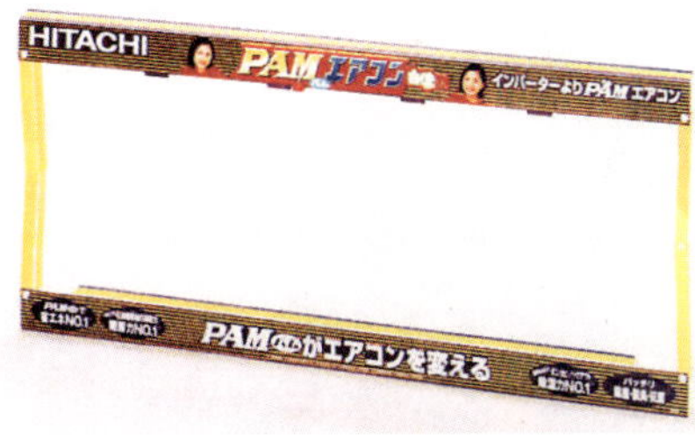

图6-27 柜台展示架结构④

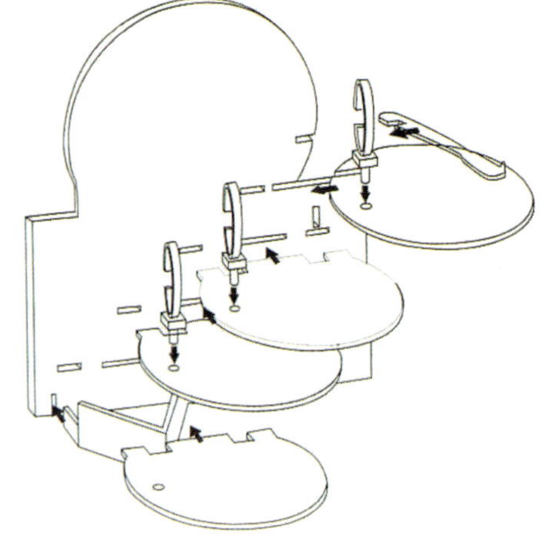

图6-28 柜台展示架结构⑤

图6-29 货架式POP广告

3.货柜与货架

货柜与货架是置于商场地面上的POP广告。其主要功能是陈放商品。它与柜台展示架相比，主要以陈放商品为目的，而且必须可供陈放大量的商品，其次再考虑广告宣传的功能。由于货柜与货架POP广告的造价一般都比较高，所以用于以一个季度以上为周期的商品陈列，特别适用于一些专业销售商店，如钟表店、音响商店、珠宝店等（见图6-29至图6-32）。

图6-31 屋式货架

图6-30 童趣造型的货架

图6-32 拱式货柜与货架

（二）柜台展示式POP广告的内容

可根据一定的目的和要求安排和设计广告内容，其中包括：

（1）以品牌形象为主的广告图文内容。

（2）以象征图形和插画为主的广告内容。

（3）以商品性能介绍为主的广告内容。

（4）以商品展示为主，并与形象广告内容相配合。

（三）柜台展示式POP广告的设计要点

因货架、柜台功用和展示方式的限制，设计时必须注意以下要点。

（1）以视觉元素简练、单纯，视觉效果强烈为根本要求。

（2）注意图文和谐，使展示的平面图形、色彩、文字与广告内容有效结合。

（3）为了区别于一般意义上的价目卡片，应以立体造型为主，价格表示为辅。

（4）立体造型在能支撑展示面或商品的同时，应充分考虑与广告内容的有效结合。

（5）小型展示卡的文字内容设计要能促进购买冲动、推荐相关产品或强调特卖商品。其文字的数量不宜太多，以简短为好，所构思的文字一般3～5个字就可以，多则以15个字为限，不宜超过3行。

（6）展示架可以用多种材料和工艺制作，造型要富于变化。

（7）货柜与货架POP广告的设计，从使用功能出发，还必须考虑与人体工学有关的问题，如人身高的尺度、站着取物的尺度以及最佳的视线角度等尺度标准。

（8）注意同一商品的系列设计中展示卡、展示架、柜台、货柜与货架等POP广告效果的整体和谐与统一。

三、落地式POP广告

落地式POP广告又称“地面立式广告”，是一种大型的放置于地面上的促销形式，一般应用于企业商品专卖、广告宣传和商品陈列，或应用于企业展示会（如广交会）和各种促销活动。落地式POP广告完全以广告宣传为目的，是可以陈列大量商品的非纯粹的综合广告体，集货架和广告宣传物于一身。商场外的空间地面、商场门口、通往商场的主要街道等都可以作为落地式POP广告的陈列场地。当然，也有少数落地式POP广告是只以广告宣传为目的的纯粹广告宣传物（见图6-33至图6-42）。

图6-33 落地式POP广告模型展示块

图6-34 落地式POP广告①

图6-35 落地式POP广告②

图6-36 落地式POP广告③

图6-37 落地式POP广告④

图6-38 落地式POP广告结构①

图6-39　落地式POP广告结构②

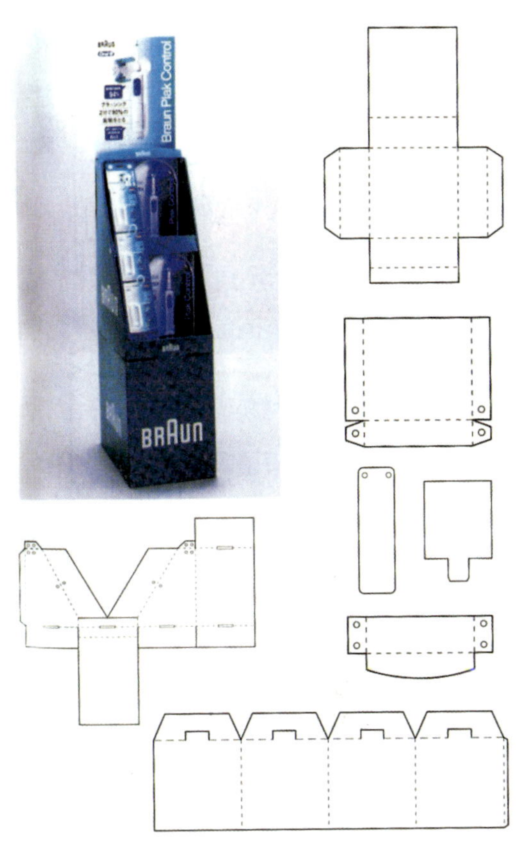

图6-40　落地式POP广告结构③

图6-41　落地式POP广告结构④

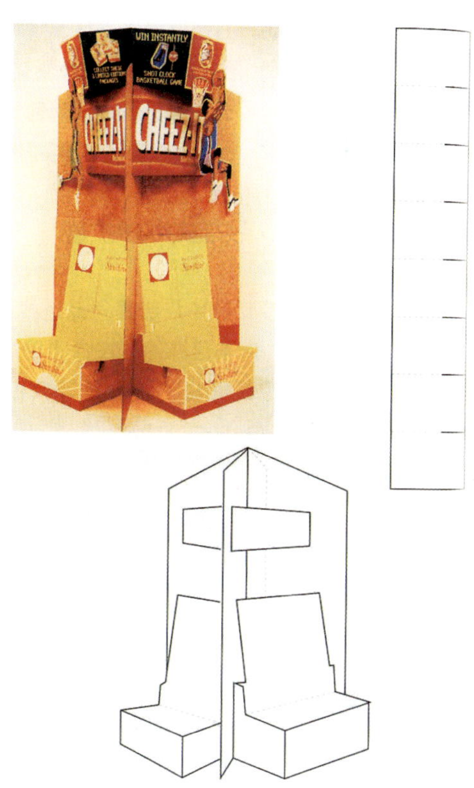

图6-42　落地式POP广告结构⑤

（一）落地式POP广告的形态和作用

落地式POP广告一般采用竖向的有两个以上展示面的造型形态，根据放置的位置确定造型形态及展示面方向，并根据展示商品数量和广告内容进行合理的安排。

落地式POP广告一般纵向分为3个区域，即底座、中间商品展示区域和顶端的广告区域，并根据产品的特点、陈列数量和形象化的要求合理选择使用的材料和工艺。

（二）落地式POP广告的内容

落地式POP广告的展示内容主要包括4个方面。

（1）以陈列一定数量的商品为主，配合相应的品牌形象广告作为辅助（商品）。

（2）以广告内容为主，以陈列商品为辅。

（3）主要以展示某个体商品（或商品的仿制样品）、方便消费者选购为目的。

（4）主要以宣传企业或商品形象为目的。

（三）落地式POP广告的设计和制作要点

设计落地式POP广告时，应重点注意以下问题。

（1）落地式POP广告的体积和高度应考虑柜台高度和行人流动的因素，高度一般要求超过人的高度，在离地180～200cm的范围内。

（2）落地式POP广告通常以立体造型呈现，因其体积庞大，造型时必须从支撑和视觉传达的不同角度来考虑。

（3）其内容一般包含品名、注册商标、企业名、广告主、广告语或促销口号、商业角色或吉祥物、辅助图形与辅助色、正文、辅文、资料图文、一定数量的商品或某个体商品（如不便展示的商品或贵重商品可展示放大或原尺寸的仿制样品）等。

（4）要突出商品的品牌和特征，信息传达简洁、清晰，便于识别，提醒消费者购买已有印象的商品，方便消费者进行品牌识别。

（5）落地式POP广告集货架和广告宣传物于一身，既能陈列较多的商品，又能增加零售点对顾客的吸引力，还能烘托销售气氛，起到良好的促销和导购作用。

（6）设计时，要适合不同阶层的消费者的品位。

四、悬挂式POP广告

悬挂式POP广告是对商场或商店上部空间及顶面有效利用的一种POP广告类型，是使用最多、效率最高的POP广告形式，一般包括悬挂在超市卖场空中的广告旗帜、吊牌广告物、气球、包装空盒、装饰物等（见图6-43至图6-55）。

图6-43 悬挂式POP广告①

图6-44 悬挂式POP广告②

图6-45 悬挂式POP广告③

图6-46 悬挂式POP广告④

图6-48 旗帜式POP广告

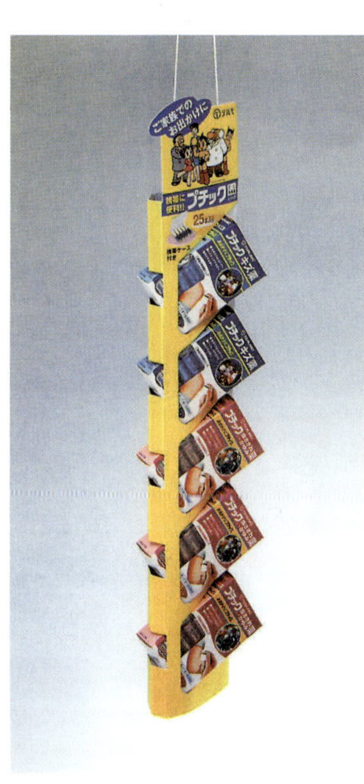

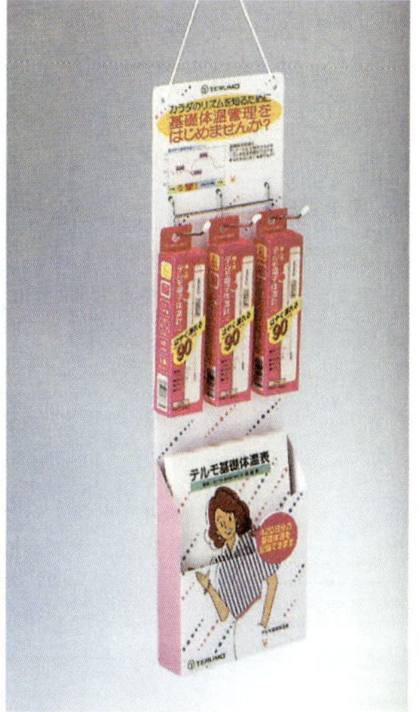

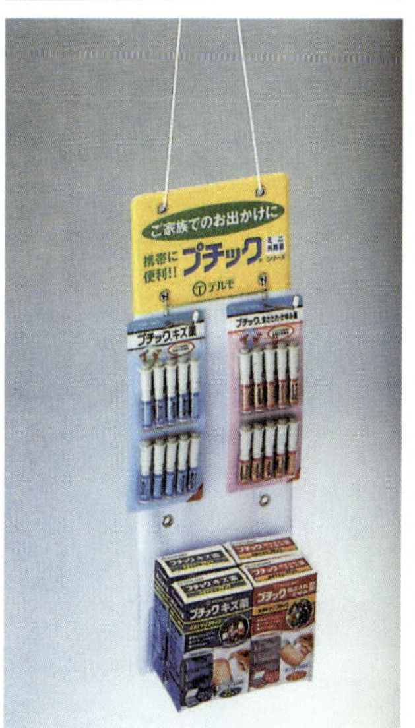

图6-47 悬挂式POP广告⑤

图6-49 吊旗式POP广告

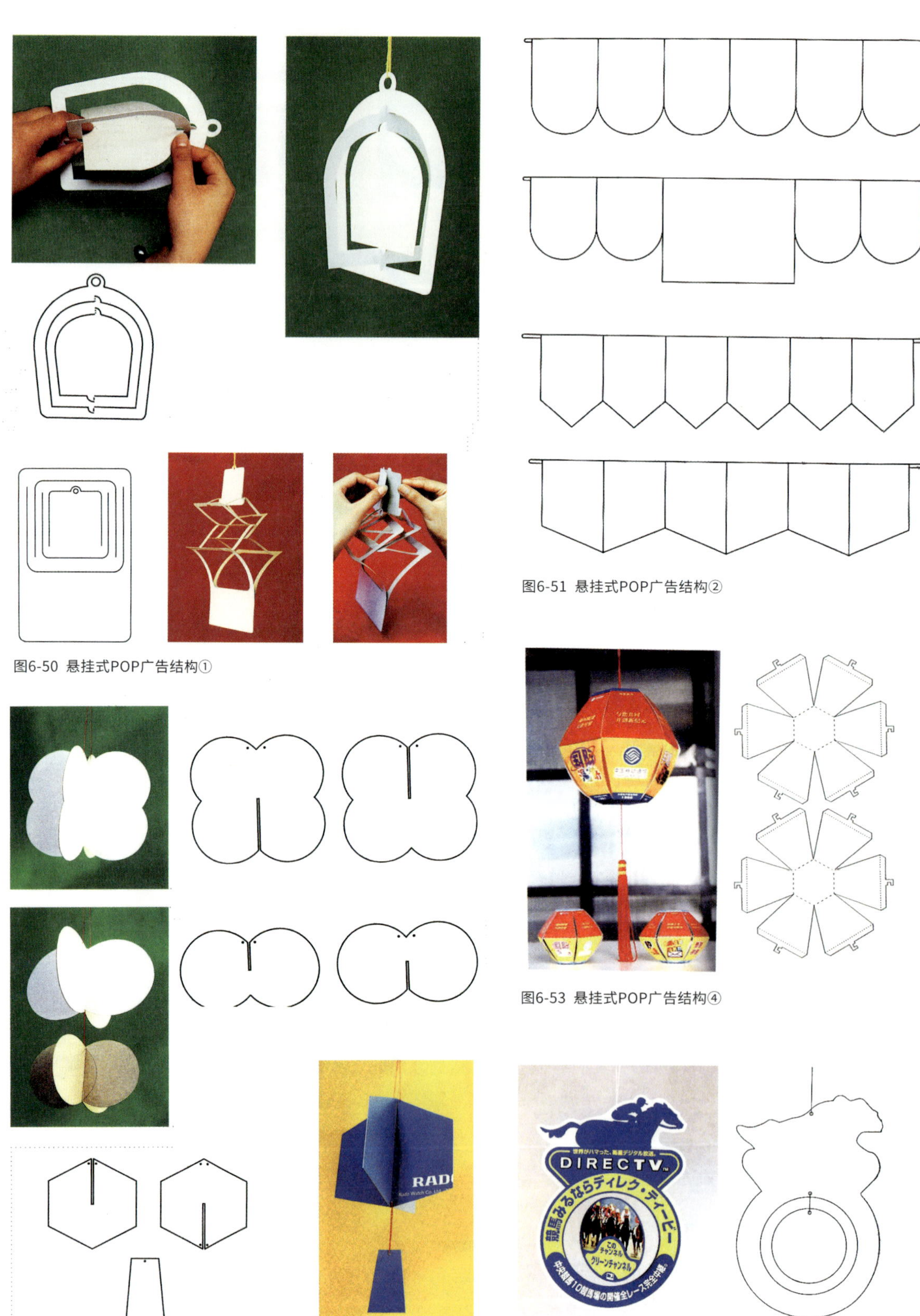

图6-50 悬挂式POP广告结构①

图6-51 悬挂式POP广告结构②

图6-52 悬挂式POP广告结构③

图6-53 悬挂式POP广告结构④

图6-54 悬挂式POP广告结构⑤

图6-55 悬挂式POP广告结构⑥

商场作为营业空间，无论是地面还是壁面，都必须对商品的陈列和顾客的流通做有效的考虑。唯独上部空间和顶面是不能为商品陈列和行人流通所利用的，因此，商场的上部空间和顶面是用来悬挂POP广告的最佳空间。

另外，从展示的方式来看，悬挂式POP广告除了能对顶面直接利用外，还可以向下部空间做适当的延伸利用。

（一）悬挂式POP广告的形式

悬挂式POP广告最典型的两种形式为吊旗式和悬挂物式。

1.吊旗式

吊旗式是在商场顶部悬吊的旗帜式POP广告。其特点是以平面的单体形式向上部空间做有规律的重复，从而加强广告资讯的传递。

2.悬挂物式

悬挂物式是将立体实物悬挂起来的一种方法。相对于吊旗来说，它是完全立体的悬挂式POP广告，特点是通过立体的造型来营造广告效果，加强产品形象及广告信息的传递。

（二）悬挂式POP广告的设计要点

（1）悬挂式POP广告一般放置于企业商品专卖区的上方，或在节日庆典活动中使用，对消费者具有引导和提示的作用。

（2）悬挂式POP广告的内容一般是强调企业形象、商品品牌，广告语通常明朗化，也可配合象征图形和插画一起使用。

（3）悬挂式POP广告一般采用两个面以上的造型形态，有利于多方位地展示广告视觉内容、传播信息。

图6-56 户外促销综合POP广告

五、综合展示型POP系列广告

综合展示型POP系列广告包括招贴式、包装式、柜台的展示卡和展示架、货架式、落地式（地面立式）、吊旗式、悬挂物式、摇摆式、霓虹灯式、门店或橱窗与过道式等多种POP广告类型，通过选择、组合、搭配、协调、融合以及其他的设计和整合手段而形成，从造型元素、色彩搭配到设计风格都明显成套化、系列化（见图6-56至图6-62）。它在完成后往往成为销售场所的整个室内环境中不可分割，甚至“喧宾夺主”的一部分，也是展示设计或陈列设计的一种重要的、普遍的形式（与此相关的POP广告与展示设计的整合运用以及零售店中的POP广告运用，详见本书项目四）。

（一）综合展示型POP系列广告的信息传达原则

POP广告作为超级市场的重要促销手段之一，必须十分重视其信息传达的准确性、逻辑性和艺术性。

1.准确性原则

广告是围绕着商品促销进行的，必须十分准确地把握零售企业的特征（如超级市场以售卖日用品为主、追

图6-57 展会促销综合POP广告

图6-58 店头促销综合POP广告①

图6-59 店头促销综合POP广告②

图6-60 店头促销综合POP广告③

图6-61 促销活动现场综合POP广告

图6-62 店内工作台式POP广告

求便利性）；必须准确地把握商品的特征（如实用、廉价）；必须准确地把握消费者的消费特征，即消费者的类型、收入水平、对商品售价的敏感度。

2.逻辑性原则

POP广告是以视觉来传达企业的促销意图和信息的，因此要有逻辑性地建立卖场中货架、装饰手段与商品之间的秩序关系，要做到井然有序、装饰与渲染有度，杜绝视觉形象过多。

3.艺术性原则

POP广告要达到的效果是促进销售，因此在广告形式和宣传手段上必须“唯实”，而不能“唯美”，即不能不顾广告效果的实际，片面追求广告形式的纯美的艺术表现。

（二）综合展示型POP系列广告的设计原则和内容

（1）设计原则。综合展示型POP系列广告的设计原则如下：容易引人注目；容易阅读；使消费者一看就能了解广告所要诉求的重点；具有美感；有创意，有个性；具有统一感和协调感。

（2）说明文字内容。一般来说，店头促销具有临时性和随机性的特点，有时隔天就需要更换广告内容，甚至某些营销活动中的打折或送礼等促销手段，在几小时内就需要根据销售现场情况做出调整。这种情况下，如果采取印刷或数码速印、丝网印制等制作手段来更新广告物，成本和时间是不允许的。这就决定了综合展示型POP系列广告中，必定会有相当比重的带有临时性和随机性的POP广告以手绘或数字彩喷等形式呈现。随机性广告的说明文字要简短、有力，必须表现促销品的具体特征及其对顾客的效用价值；文字表达要符合时代的潮流和顾客的需求，要反映商品的使用方法；应该根据不同的消费层次来构思字词用句。

（三）综合展示型POP系列广告的设计和制作要点

（1）了解店头促销综合系列广告的背景因素，配合新商品上市活动，并以既定的广告策略为导向。

（2）了解超市和周边环境的消费者情况，以便设计有创意的POP广告，刺激和引导消费者。

（3）最好与电子、视听、广播类媒体和户外媒体中的广告形式组合，同时进行。

（4）要考虑到设计的广告物的高度是否恰当、是否符合人体工学。

（5）要严格依照商品的陈列来决定广告物的尺寸。

（6）考虑广告上是否有必要加上商品使用方法的说明等辅助性文字。

（7）所传达的信息中应避免出现不健康的思想内容和过时的广告信息。

（8）广告文字中关于商品内容的介绍是否清楚（如品名、价格、期限）。字体是否能让顾客看得清、看得懂，不要出现错别字和其他低级错误。

（9）考虑好店头促销POP广告的使用功能，把握好费用预算、持久性、制作品质和运输等诸多问题的综合平衡。

（10）计划好POP广告的时效性，因为POP广告是企业整体营销计划的一个组成部分，其时效性必须与营销计划同步。

（11）在制作和使用综合展示型POP系列广告前，要做好细致的设计稿的校对和检查工作，以免因为传达错误的、不准确的或容易引起消费者误解的信息，而使广告主的信誉和商品的品牌形象蒙受损失。

任务三　掌握立体 POP 广告的材料与制作

一、立体POP广告材料的分类

立体POP广告材料的来源相当广泛，从纸张、塑料、合成纸到马达、小型计算机、液晶屏等无所不包；造型方面从简单的平面，到各种三维空间的立体，再到动态的四维空间；加工方面从粘贴、剪切到垂挂，用尽各种方法。立体POP广告常使用的材料有以下几种。

（一）纸

纸成本低廉、易制作、环保，是POP广告制作的首选材料（短期时效POP广告为宜）。纸可由机器大量生产，印刷效果极为良好且质轻。POP广告常用的纸张有模造纸、道林纸、牛皮纸、铜版纸等。纸是短期时效POP广告的主要材料。

（二）木材

木材品位高、有亲切感、工艺精细、成本高（长期时效POP广告为宜）。木材是一种古老的POP广告材料，能抵抗储存、运输中所遭遇的外力，防止变形。使用木材制作POP广告时，能够让人有一种亲近自然的感觉。木材价高、质重，用作POP广告材料时，不能高速自动化生产，所以较少使用。

（三）金属

金属的特征是质硬、坚固、耐用、不透水、有光泽、造价高（长期时效POP广告为宜），一般选用铝合金，某些金属容易腐蚀。由于金属坚固， 碰撞不易损坏，因此它是豪华型POP广告提高附加价值不可或缺的素材。

（四）塑料

塑料质轻、成本低、无臭、防水、透明、成型简单，能适应切割、雕刻、粘接、成型、组合等多种不同的加工要求。不易破损为其最大的优点。塑料是仅次于纸的使用较多的一种POP广告材料。

（五）布

布比纸耐用、费用低、易搬运、便于悬挂、易撤换（中、短期时效POP广告为宜）。布是POP广告中最早使用的材料。用布所制造的旗帜、布帘等，是开展POP广告活动的主要工具。选择具体的布料及印刷方法时，须依据使用目的、成本及交货日期等而定。

（六）玻璃纤维

玻璃纤维（玻璃钢）质轻、坚硬，易塑形， 透光性好，不易碎。

（七）磁悬浮技术

磁悬浮技术利用电磁原理，使产品在没有任何支点和牵引的情况下达到凌空悬浮并旋转的状态，给观看者一种新奇、新颖的感觉。它能形象、直观、生动地彰显出所代言产品的内部结构、卖点特征、品牌形象，营造一个热闹、购买欲望强烈的销售氛围。磁悬浮展示架的主体为亚克力支架，外框带LED灯光效果，具有良好的稳定性与载重性，可用于烟酒、手机、体育用品、高档首饰、高档艺术品以及各类品牌的模型展示（见图6-63、图6-64），是商品理想的POP广告展示道具。

图6-63 磁悬浮POP展架①

图6-64 磁悬浮POP展架②

（八）其他新型材料

其他新型材料包括热吸塑（热变形原理成型）、PVP塑料（用化学胶剂粘接成型）、荧光即时贴纸、LED电子发光材料等。

二、立体POP广告的几种常规制作原理

（一）相框式立体原理

相框式立体原理是立体POP广告常用的制作原理之一，即利用一张平面的纸，经由折、割、弯、粘贴等技法，转化成展示性的立体形态，形成多角度的立体空间效果。制作相框式立体POP广告构架，是为了能够竖立平稳，宜选用较厚并且较有韧性的纸材。

（二）对扣复合原理

对扣复合原理，简单地说就是不用粘贴的方式，而利用纸的特性进行折叠、扣合。用纸不宜太厚。

（三）“蛇腹”原理

“蛇腹”原理是完成纸的立体形态最简单的方法之一，特点是层次多、变化丰富。利用“蛇腹”原理制作出的立体POP广告构架，能够扩展展示对象的空间感受，丰富广告的立体化形态（见图6-65）。“蛇腹”式立体构架的用纸要平整、坚挺，纸张不宜太薄。太薄的纸张会影响成型；过厚的纸张不易折叠，并且容易折断，会影响立体POP广告的使用寿命。

图6-65 蛇腹式立体POP广告设计

（四）矩阵原理

利用矩阵原理制作的POP广告的立体构架，形态美观，视觉效果更富有变化，但是在实际制作时较为复杂，需要注意相互平行的山线、谷线间距离长短的截取。由于矩阵原理的制作流程比较繁杂，刻画、折叠的次数较多，所以纸张不宜太厚，并且一定要有弹性。

三、立体POP广告构架的几种常规制作方法

（一）柜台展示式POP广告构架的制作方法

1.广告展示卡

广告展示卡在通常情况下是置于商品上的，其作用类似于贴纸POP广告，因此有时不需要立体的形态变化。但是，它的形式、样式更灵巧、活泼、多变，一般用于标牌式POP广告等。

2.柜台展示架

柜台展示架一般以陈列商品为主，辅以品牌形象和象征图形等内容。一般来说，柜台展示架较多采用透空式形态和开放式形态，有利于充分地展示商品；在各种材料和制作工艺中，宜根据实际需要进行适当选择。

（二）悬挂式POP广告构架的制作方法

悬挂式POP广告的悬挂办法比较简单，只靠一根或几根绳索吊起来即可，所以设计者在设计与制作时可以根据商品陈列的环境充分发挥艺术想象力。悬挂式POP广告的立体形态要考虑展示角度和组合形式。成串的组合能产生较强的节奏感与韵律感，制作时个体形态不宜过大，可根据体形的大小、样式选用纸张、确定色彩和厚度。

图6-66 瓶颈式立体POP广告设计

（三）包装POP广告构架（以瓶颈式为例）的制作方法

顾名思义，瓶颈式POP广告就是套在瓶装类商品上的广告形式。它既可以套在商品的瓶颈上，也可以套在瓶裙位置。其样式的设计要根据商品的瓶形和商标的设计形式而定（见图6-66）。一般情况下，不要把商品上的商标遮盖住，既要突出商品的品牌，又要达到招徕顾客的目的。此类POP广告构架可用弹性较好的卡纸制作，不宜用太厚的纸张。

（四）陈列性展示架的制作方法

陈列性展示架的特点在于利用一张平面的纸，经过切、割、折等技法与多种不同的粘贴方式，转化成陈列性立体的形态。它具有多角度的立体空间效果。制作时为使展示架竖立平稳，宜选用较厚且有韧性的纸材，如厚卡纸、普通卡纸、相片纸等。此类立体POP广告构架多用于柜台式POP广告、标牌式POP广告、橱窗式POP广告等。

情境演练6

综合立体展示 POP 系列广告设计与制作

任务描述

从POP广告的各种形式中，如招贴式、包装式、柜台的展示卡和展示架、货架式、落地式（地面立式）、吊旗式、悬挂物式、摇摆式、霓虹灯式、门店或橱窗与过道式等，任选3～6种搭配成某一行业的用于店内外促销的综合展示POP系列广告。

要求：

（1）使用计算机设计与制作。

（2）效果图尺寸为A3（可制作成立体实物模型）。

（3）课赛结合，教师可引导、组织和推荐选题。

（4）学生上交作业的电子文件格式为JPG，分辨率要求为300dpi；文件以“班级名称+作者姓名+作品名”命名。

实训目标

学习目标：掌握立体POP广告材料与制作分类，了解新材料与新工艺，掌握综合展示POP系列广告的设计原则和内容。

能力目标：能使用计算机软件设计综合POP广告，能根据营销需求选择合适的材料和广告形式。

思政目标：培养关注成本预算的意识，培养环保意识，培养良好的沟通能力、主动协调解决问题的意识。

任务展开

（1）设计与制作中要注意了解POP广告的背景因素，配合新商品上市活动，其中的部分元素要突出商品的品牌和品名，信息传达要简洁、清晰、便于识别。

（2）了解店头和周边环境的消费者情况，并听取市场各种人员的建议或搜集资料，作为POP广告制作的依据。

（3）了解消费者需求，设计有创意的POP广告，刺激和引导消费者。

（4）系列搭配要立体、多元地为产品促销服务，以加强产品形象及广告信息的传递。

（5）要考虑系列POP广告既要美化零售商店和商品，又要增加零售点对顾客的吸引力，还要烘托销售气氛，起到良好的促销和导购作用。

考核重点

能从商品促销的角度延续和推广企业与商品的整体形象。

项目七

手绘 POP 广告设计与制作

【学习目标】

了解手绘POP广告的特点、手绘POP广告绘制所需要的不同工具；掌握白底和彩底手绘POP广告制作的流程及方法；通过大量练习，能够运用各种工具和材料来绘制具有不同视觉效果的POP广告。

任务一　熟悉手绘 POP 广告的特点

一、手绘POP广告的优点

第一，在表达POP广告的手法方面，手绘POP广告是目前应用较广的一种手法，以醒目的色彩搭配，灵活多变的版式布局，准确、生动的语言，幽默、夸张的插图吸引消费者的视线，向消费者宣传商品的特色（见图7-1至图7-4）。

图7-1 手绘门店POP海报

图7-2 手绘商业POP广告

图7-3 手绘指示POP海报

图7-4 手绘店面促销POP海报

第二，手绘POP广告流露出的亲切感是其他印刷品所不能表达的。在超市、卖场中，当消费者面对诸多商品而无从下手时，手绘POP广告可在现场忠实地、不间断地向消费者提供商品信息。当消费者步入卖场，已将其他传播媒体的广告内容遗忘时，摆放在商品周围的一幅引人入胜的手绘POP广告可以让消费者回忆起商品，促成购买行动。

第三，在载体方面，纸张、布料、塑料及玻璃等材料，都是POP广告很好的载体。手绘POP广告利用专用的POP笔材，通过手工绘制完成，耗材少、成本低，节约费用开支，制作快捷、省时，具有很强的机动性、灵活性和快捷性。

第四，手绘POP广告能够配合卖场整体的格调，分为平面POP海报和悬挂式立体POP海报等，既有助于推销商品，又能营造出卖场的热卖氛围。

第五，商业意识孕育了手绘POP广告，手绘POP广告结合了人文艺术。虽然手绘POP广告本身不具有电视广告、报纸等新闻媒体那样的宣传力度，但它具有制作成本低、形式变化灵活、传达速度快、反馈信息准确的特性，成为现今商业经营竞争中的一种不可缺乏的手段和策略。

二、手绘POP广告的缺点

手绘POP广告与机制POP广告相比，有其优点，也有其缺点。其缺点如下：

第一，需要专职美工，人力成本高。手绘POP广告的成本分为：①人员成本。假设某城市美工的平均工资为1500～2000元/月，则每个美工的综合成本应为3000～4000元/月。②单张POP广告纸张成本。由于目前国内企业采用的是“套写POP广告”，即采用事先印刷好的POP广告进行书写，一般都采用高克重的铜版纸，所以成本比较高，A2幅面的铜版纸一般为每张2元。③马克笔成本。这部分的成本比较低，可以忽略不计。

机制POP广告的成本包括：①设备投入成本。其包括软件、硬件投入，按照不同的要求，一个店面一般需2万～3万元。②单张POP广告纸张成本。由于机制POP广告一般采用普通复印纸，因此纸张的成本非常低，A2幅面的复印纸每张只要0.2～0.3元。③单张POP广告墨水耗材成本。这是机制POP广告日常运作最大的成本。如果采用原装耗材的话，A2幅面单张成本（含纸张）为1～2元；如果采用通用耗材的话，要便宜得多，一般为原装耗材的几十分之一。

经过实际使用情况分析，只要合理规划POP广告的版面及使用合适的耗材，机制POP广告的单张成本与手绘POP广告基本持平，在许多时候甚至要低得多。随着POP广告输出设备及耗材成本的不断降低，综合成本会出现逐步降低的趋势（见图7-5至图7-7）。

第二，版面不够规范，手工书写不够工整，可修改率低，影响卖场形象。

第三，手工制作周期长，短时间内无法进行大批量POP广告制作。

图7-5 悬挂式商场POP广告

图7-6 商场电梯门促销POP广告

图7-7 吊旗式商场POP广告

第四，手工表现方式缺乏直观性，缺少可以突出产品特点的表现方式，如产品实物图片等，同时在新材料和新工艺运用方面有一定局限性。

任务二　掌握手绘 POP 广告的常用工具与材料

一、笔材

描绘或书写POP广告的工具种类繁多，每一种工具都有其独特的表现方法和技巧。

（一）分类

1.马克笔

马克笔是手绘POP广告应用最普遍的硬笔工具之一（见图7-8、图7-9），特点是快速、干净，使用和收拾都很方便，充分符合POP广告要求的机动性、经济性与便捷性。

根据其溶剂材质，马克笔主要可分为水性和油性两种。

（1）水性马克笔没有刺鼻的气味，长时间使用也不会有头昏目眩的感受。但水性马克笔因为书写后干燥较慢，所以要预防干燥前晕染的产生。

（2）油性马克笔因为含有易挥发的化学材质，所以会有刺鼻的气味，长时间使用会造成身体不适，工作地点最好选择通风良好的场所。它的特点是，书写后干燥快速且不易玷污纸面。应注意：油性马克笔溶于甲苯，因此可用其进行修改。

纸张可选用马克笔专用纸，也可用较白、厚实、光滑的铜版纸。

图7-8 马克笔①

图7-9 马克笔②

2.记号笔

记号笔（见图7-10）常用来书写店名、指示文字与正文线装饰，也可用于POP广告字体练习，笔尖分为圆头和方头，常见的有油性和水油性两种。

3.荧光笔、水彩笔

荧光笔（见图7-11）和水彩笔（见图7-12）用于小面积填色。切记不要将其和水性马克笔的笔触接触，以免弄花画面。

4.油画笔

油画笔（见图7-13）属于软笔，是书写变体字用的。软笔类与常用的马克笔的最大不同点在于，马克笔可直接书写，而软笔类必须在书写前先调好水溶性颜料，蘸取后才能写出笔画，完成后还要晾干。软笔的绘制空间远胜于马克笔，笔材富有弹性，运笔时还可依书写者的手法，产生粗细、浓淡等变化不同的笔法，线条极为丰富。

5.粉笔

粉笔画可以使用常用的粉笔（见图7-14）进行绘制，也可以使用特制的色粉笔在附着力较强的纸上进行绘画。其特点是不透明、无光泽，易于掌握，通过勾、擦、揉、抹，可以产生清新、明丽、丰富、细腻的色彩效果，既可以表现复杂的环境气氛，也可以精细入微地刻画形象的质地、肌理。图7-15为新西兰奥克兰市为防止行人随意走上机动车道而绘制的岩浆、鲨鱼、毒蛇等主题的三维粉笔画。

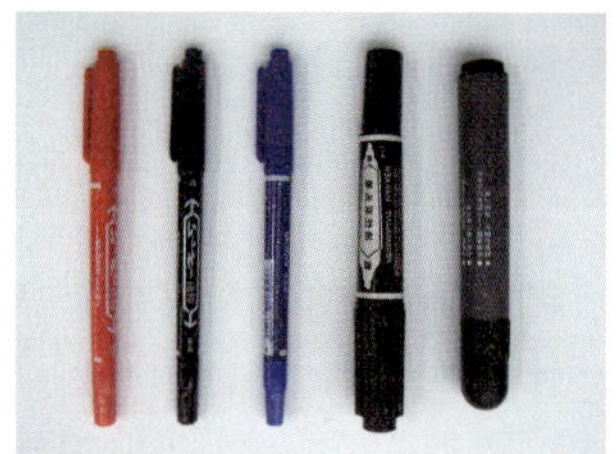

图7-10 记号笔

图7-11 荧光笔

图7-12 水彩笔

图7-13 油画笔

图7-14 粉笔

图7-15 新西兰奥克兰市为防止行人随意走上机动车道而绘制的三维粉笔画

6.蜡笔

蜡笔（见图7-16）没有渗透性，靠附着力固定在画面上，不适宜用过于光滑的纸、板，也不能通过色彩的反复叠加获得复合色。但通过轻擦或厚涂以及色彩之间的色相对比，蜡笔画也能表现出浓丽、鲜艳、沉着、厚实的艺术效果。另外，蜡笔画还可以通过自由掌握的粗细笔触直接进行艺术造型，产生高度概括的艺术形象，具有特殊的稚拙美感。

图7-16 蜡笔

7.彩色铅笔

彩色铅笔分为水溶性与蜡质两种。其中，水溶性彩铅较常用，与水混合后具有浸润感，也可用手指擦抹出柔和的效果（见图7-17）。运用彩色铅笔可排列出不同色彩的铅笔线条，色彩可重叠使用，变化较丰富。但彩色铅笔不宜大面积单色使用，否则画面会显得呆板、平淡。

图7-17 彩色铅笔

在实际绘制过程中，彩色铅笔往往与其他工具配合使用。例如，与钢笔结合，利用钢笔线条勾画空间轮廓、物体轮廓，再运用彩色铅笔着色；与马克笔结合，运用马克笔铺设画面大色调，再用彩色铅笔叠彩法深入刻画；与水彩结合，体现色彩退晕效果等。

彩色铅笔笔触独特，用笔轻快，线条感强，可徒手绘制，也可借助尺进行排线。绘制时需注重虚实关系的处理和线条美感的体现。

（二）握笔基础练习

（1）握笔不宜过高，笔与纸宜成60°角，运笔要稳，用力均匀，速度一致（见图7-18）。

（2）以手腕带动笔锋，如果所写的字较大，运笔时须以整个手肘移动，而不能只移动手腕，确保笔锋与纸面接触。

（三）运笔基础练习

（1）肘应靠桌书写。在既定方框中，横笔触由左至右，竖笔触由上至下，皆不可超过两条黑线；斜笔触练习亦同（见图7-19）。

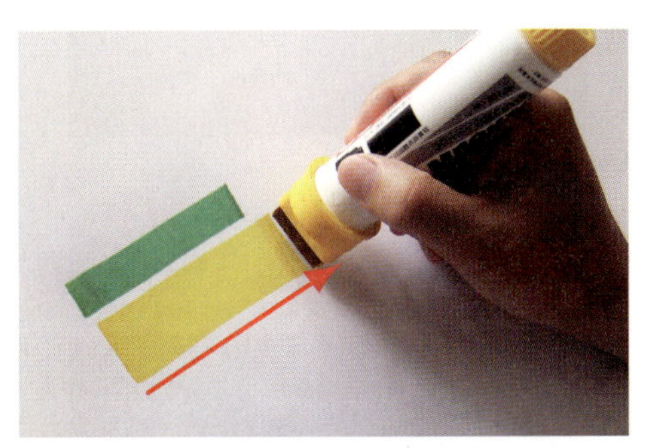

图7-18 握笔

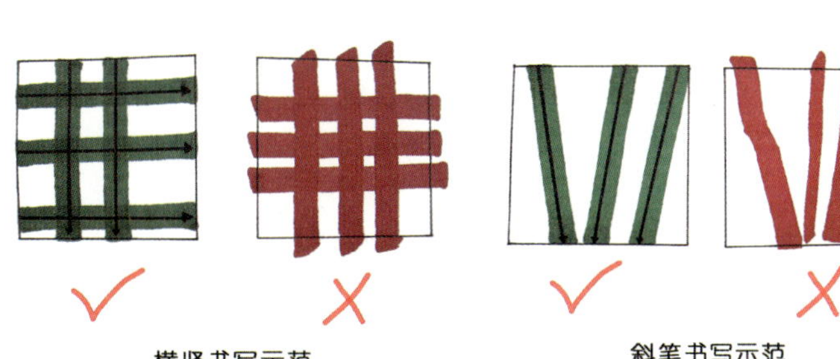

图7-19 书写示范一

（2）转笔及接合。注意笔画手写方向、顺序及接合处的整齐度（不是“写”而是“画”，不要以书写的方式来运笔写字，而应以画字的手法，见图7-20至图7-22）。

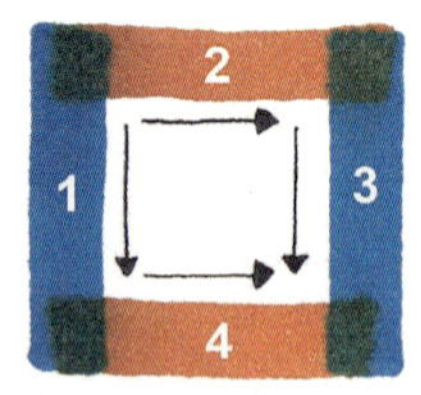

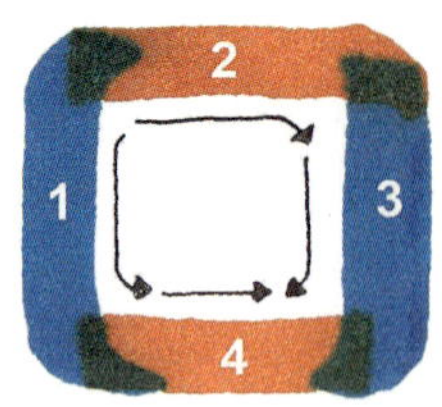

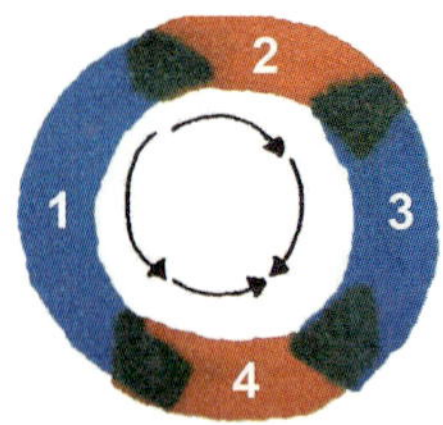

图7-20 书写示范二

图7-21 书写示范三

图7-22 书写示范四

马克笔色彩较为透明，通过笔触间的叠加可产生丰富的色彩变化，但不宜重复过多，否则将产生脏、灰等现象。着色宜先浅后深，力求简便；用笔豪爽，力度较大，笔触明显，线条刚直；讲究留白；注重用笔的次序性，切忌用笔琐碎、零乱。

二、纸材

制作POP广告的纸材有很多，其中较常用的有书面纸与海报纸。书面纸常用白色铜版纸，用于白底海报制作、彩底绘制插图和大标题。海报纸又称“彩胶纸”，颜色很多，可根据个人喜好搭配使用，多用于彩底海报的制作和大标题套刻（见图7-23）。其他纸材还包括模造纸、粉彩纸、丹迪纸、牛皮纸、瓦楞纸、色纸、绵纸、宣纸、皱纹纸等。

图7-23 多色纸张

三、颜料

制作POP广告的颜料主要有以下几类。

（一）水粉颜料

水粉颜料（广告颜料）是POP海报经常使用的一种颜料，效果佳，色彩鲜明、浓厚，覆盖力强，快干，可平涂于大小面积（见图7-24）。但需注意广告颜料与水的比例。水分太少，会有厚重感，干后易龟裂；水分太多，则会失去厚重感。

图7-24 水粉颜料

（二）水彩颜料

水彩颜料具有透明性好，色彩淡雅、细腻，色调明快的特点。绘制时，着色一般由浅到深，预先留出亮部和高光，要注意笔端含水量的控制。水分太多，会使画面水迹斑驳，色彩灰暗；水分太少，则色彩枯涩，透明感降低，会影响画面清晰、明快的感觉（见图7-25）。

此外，画笔笔触的体现也是丰富画面的关键。运用提、按、拖、扫、摆、点等多种手法，可使画面笔触效果妙趣横生。

水彩颜料常用于绘制插图、卡片、海报等。充分发挥水彩透明、淡雅的特点，可使画面润泽而有生气。上色水彩画在作图过程中必须注意控制好物体的边界线，不能让颜色出界，以免影响形体结构。留白的地方先计划好，按照由浅到深、由薄到厚的方法上色，先湿画，后干画，先虚后实，始终保持画面的整洁。色彩重叠的次数不要过多，否则色彩将因失去透明感和润泽感而变得模糊不清。

（三）丙烯颜料

丙烯颜料干燥后为一层柔韧的薄膜，坚固耐磨、耐水、抗腐蚀、抗自然老化、不褪色、不变质脱落、不反光，画好后易于冲洗（见图7-26）。

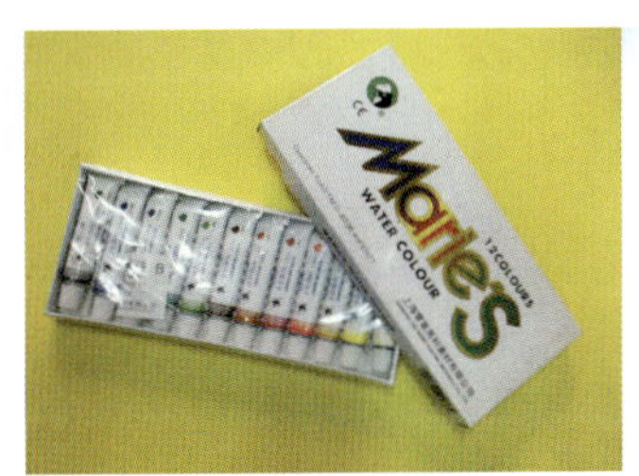

图7-25 水彩颜料

图7-26 丙烯颜料

四、辅助工具

制作POP广告的辅助工具（见图7-27）包括墨汁、圆规、铅笔、橡皮、描边笔、美工刀、剪刀、双面胶、透明胶带、纸胶带、胶水、透明胶带座、三角尺、直尺、卷尺、切割垫、修正液、修正带、手提袋、纸卷筒、工具箱、创可贴等。

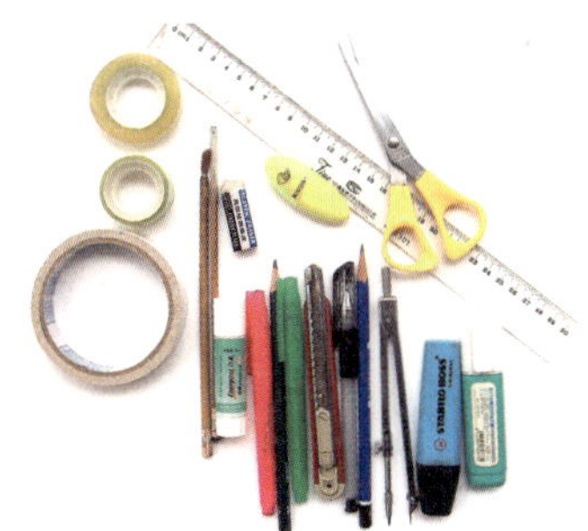

图7-27 辅助工具

任务三　精通白底手绘 POP 海报的制作

在客户提供设计的主题与内容之后，就需要了解POP广告的一些细节，并进行分析，如POP广告的类型、内容、适应时节、时间跨度、消费者定位等，然后依据主题对POP广告进行材料准备。

制作一张白底手绘POP海报（见图7-28）要经历以下几个步骤。

（1）依据主题风格及客户需要设计版面布局，并用铅笔定位（见图7-29）。

（2）选择不同型号的较宽的马克笔进行主标题、副标题的书写。注意副标题的笔画要比主标题的笔画稍窄一些（见图7-30）。

（3）为标题字添加轮廓线，并添加色彩装饰（见图7-31）。

图7-28 白底海报最终效果

图7-29 铅笔定位

图7-30 标题字书写

图7-31 标题字色彩装饰

（4）用较细的马克笔书写说明文字，对说明文字中的重要内容进行特殊装饰。注意书写的颜色应与主标题不同，装饰手法也应有区别（见图7-32）。

（5）用黑色记号笔为插画勾画轮廓线（见图7-33）。

（6）选用相应的工具为插画上色（见图7-34）。

（7）对整幅海报进行修整，添加边框装饰、装饰图案以丰富画面，做到疏密有致（见图7-35）。

图7-32 说明文字的书写及装饰

图7-33 为插画勾画轮廓线

图7-34 为插画上色

图7-35 装饰边框及图案

任务四　精通彩底手绘 POP 海报的制作

制作彩底的手绘POP广告比制作白底的手绘POP广告多了一项工作，就是剪贴。马克笔的覆盖力不足以遮住其他颜色的底色，在彩色的纸张上直接用马克笔绘画会出现“吃色”现象。为保证色彩的鲜艳度与清新感，所有元素都先要在白卡纸上进行绘制，然后剪贴到彩色纸张上。

制作一张彩底手绘POP海报要经历以下几个步骤。

（1）依据版面设计的元素大小进行初稿绘制，面积较大的标题字要写在白色的铜版纸上（见图7-36）。

（2）用不同型号的较宽的马克笔进行主标题、副标题的书写，并为标题字添加轮廓线（见图7-37），注意书写前尽量减弱起稿时的铅笔痕迹。

（3）为标题字添加色彩装饰（见图7-38）。

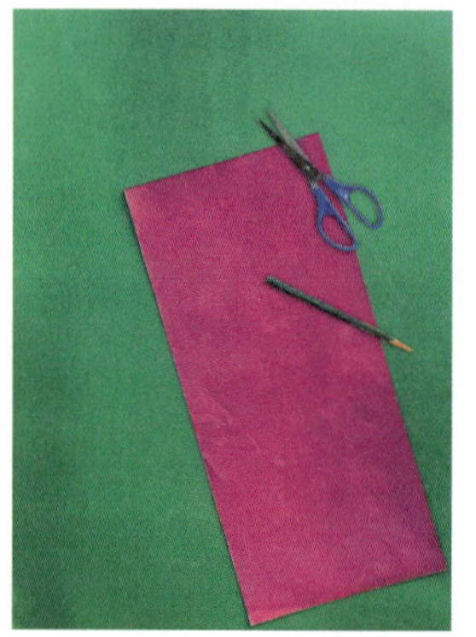

图7-36 准备初稿绘制

图7-37 书写标题字

图7-38 标题字色彩装饰

（4）将写好的标题字剪切下来，并粘贴到背景纸上（见图7-39）。

（5）书写广告正文（见图7-40）。

图7-39 剪贴标题字

牛肉面：7元
麻辣火锅：38元/份

图7-40 书写正文

（6）在白色卡纸上绘制插画初稿，勾画插画的轮廓线，并为插画上色（见图7-41）。

（7）将画好的正文和插画剪切下来，并粘贴到背景纸上（见图7-42）。

（8）对整幅海报进行修整，添加边框装饰，完成制作（见图7-43）。

图7-41　绘制插画

图7-42　剪贴正文和插画

图7-43　添加边框装饰并调整

情境演练7

手绘 POP 海报设计与制作

任务描述

子任务一：“岭南之声”电台招募播音员2名

参考岗位要求：男女不限，发音标准，吐字清晰，音质甜美（女）或浑厚有磁性（男），普通话标准，热爱播音行业，具备良好的播音专业知识，具备自行组织稿件的能力、较强的编辑能力、良好的沟通能力和应变能力，具备普通话、粤语的流畅表达能力。

设计尺寸：对开或对开以上。

子任务二：“岭南·粤梦”模特队招募学生时装模特5名

参考岗位要求：①岭南学院在校学生；②身高为165～190cm，长相、气质佳，有T台经验者优先考虑；③有较强的独立完成能力，有挑战精神，能吃苦耐劳；④有强烈的责任心和良好的合作意识，具备较好的沟通执行能力，工作细致、认真、诚实、可信。

设计尺寸：对开或对开以上。

实训目标

学习目标：掌握手绘POP广告材料与制作分类，掌握手绘POP广告的设计原则和内容。

能力目标：能使用各种工具手绘POP广告，能根据营销需求选择合适的材料和广告形式。

思政目标：培养关注成本预算的意识，培养环保意识，培养良好的沟通能力、协调解决问题的主动意识。

任务展开

（1）可在“参考岗位要求”中选择所需要的部分文字内容。

（2）主标题可根据子任务内容提炼、拟定，要简洁、高效、有趣，大胆创新。

（3）图文并茂，色彩搭配和谐，版面布局合理。

（4）可突出表现校园类广告设计的风格。

（5）制作精良。

（6）依据中高级“装饰美工证”的考试大纲，培训相应专业技能。

考核重点

标题文字对消费者有吸引力，POP文字书写熟练，醒目、简洁、易懂，图文安排得当，制作精良。

学生作品如图7-44至图7-57所示。

图7-44 学生作品①/尹钊儿

图7-45 学生作品②/周晓莎

图7-46 学生作品③/马文慧

图7-47 学生作品④/赖嘉慧

图7-48 学生作品⑤/苏清湾

图7-49 学生作品⑥/杨明钦

图7-50 学生作品⑦/刘嘉诚

图7-51 学生作品⑧/林珺瑶

图7-52 学生作品⑨/马文慧

图7-53 学生作品⑩/黄浩

图7-54 学生作品⑪ /郑重

图7-55 学生作品⑫/尹钊儿

图7-56 学生作品⑬/黄勇

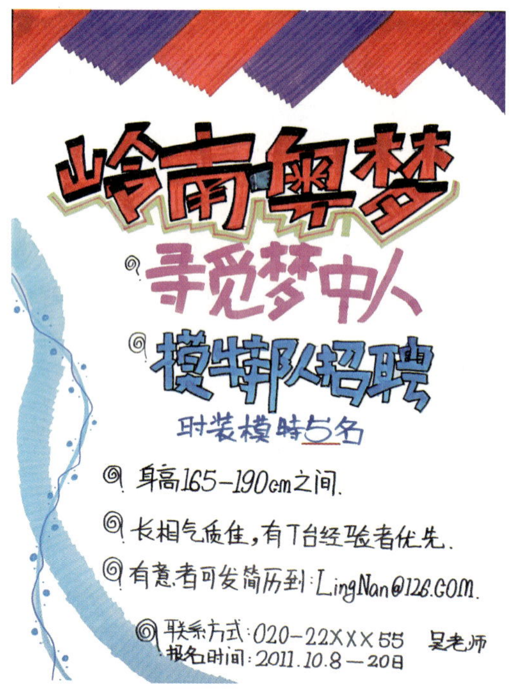

图7-57 学生作品⑭/刘嘉诚

参考文献

[1] 汪涛.POP广告设计[M].武汉：湖北美术出版社，2002.

[2] 陈青.P.O.P.设计[M].北京：清华大学出版社，2006.

[3] 苏红.POP广告设计[M].郑州：大象出版社，2007.

[4] 肖英隽.POP广告创意与设计[M].北京：清华大学出版社，2011.

[5] 黄金霞，刘德龙.POP广告设计[M].上海：上海人民美术出版社，2009.

[6] 董景寰，卢国英，姜智彬，等.POP广告设计[M].上海：上海人民美术出版社，2006.

[7] 方卫，任赛赛.POP广告设计[M].武汉：华中科技大学出版社，2006.

[8] 于讴.POP广告设计[M].北京：中国水利水电出版社，2010.

[9] 杜平，郝雅莉，毕淼.广告设计与制作[M].南昌：江西美术出版社，2010.

[10] 王猛.立体POP宝典[M].沈阳：辽宁科学技术出版社，2009.

[11] 汪涛.立体POP广告设计[M].武汉：湖北美术出版社，2002.

[12] 陈青.广告设计之立体造型P.O.P.[M].西安：陕西人民美术出版社，2003.

[13] 向明琨，蒋雪南.POP制作技巧[M].南京：江苏美术出版社，2009.

[14] 简仁吉.POP海报秘笈：手绘海报篇[M].北京：中国青年出版社，2005.

[15] 简仁吉，张丽琦，林东海.精致手绘POP广告[M].台北：新形象出版事业有限公司，1993.

[16] 张小纲.展示设计实务[M].北京：中国轻工业出版社，2006.

[17] 冯节.展示设计[M].上海：上海画报出版社，2007.

[18] 沈卓娅.包装设计[M].北京：中国轻工业出版社，2008.

[19] 沈卓娅，王汀.字体与版式设计实训[M].上海：东方出版中心，2008.

[20] 董庆波，沈辰.摄影技术及应用[M].南昌：江西美术出版社，2010.

[21] 余小梅.广告心理导论[M].北京：北京广播学院出版社，1997.

[22] 傅汉章，邝铁军.广告学[M].3版.广州：广东高等教育出版社，1997.

[23] 余虹，邓正强.中国当代广告史[M].长沙：湖南科学技术出版社，1999.

[24] 徐道新.POP设计实用手册：校园版[M].合肥：安徽美术出版社，2005.

[25] 刘亚丹，王俊波.POP设计与制作[M].北京：化学工业出版社，2011.

[26] 庄景雄.电脑POP设计[M].北京：中国青年出版社，2004.

[27] 王唯茵，王兆熊，李冬影.手绘POP设计[M].武汉：华中科技大学出版社，2010.

[28] ArtTone视觉研究中心.POP设计从入门到精通[M].北京：中国青年出版社，2009.